T0107950

Shoko Suzuki und Christoph Wulf

Auf dem Weg des Lebens

West-östliche Meditationen

Übersetzung aus dem Japanischen von Rolf Elberfeld

Bibliografische Information der Deutschen Nationalbibliothek

Die Deutsche Nationalbibliothek verzeichnet diese Publikation in der
Deutschen Nationalbibliografie; detaillierte bibliografische Daten sind
im Internet über http://dnb.d-nb.de abrufbar.

ISBN 978-3-8325-3317-5

Logos Verlag Berlin GmbH
Comeniushof, Gubener Str. 47,
10243 Berlin
Tel.: +49 (0)30 42 85 10 90
Fax: +49 (0)30 42 85 10 92
INTERNET: http://www.logos-verlag.de

Inhalt

Vorwort

Ausgangspunkt für dieses Buch war ein Gespräch über den Tod unserer Eltern, das wir vor einigen Jahren in Kyoto geführt hatten. In seinem Verlauf sprachen wir auch darüber, wie unauflöslich Leben und Tod miteinander verflochten sind. Um ein erfülltes Leben zu führen, ist eine Auseinandersetzung mit der Endlichkeit des Lebens erforderlich. Seit alters her ist daher die Kunst des Lebens eng mit der Kunst des Sterbens verbunden. In unserem Buch, das unseren an die Begegnung anschließenden Briefwechsel dokumentiert, ist davon die Rede. In ihm kommen asiatische und europäische Traditionen des Umgangs mit Leben und Tod zu Worte. Sie dienen als Spiegel, um unser heutiges Verhältnis zu Leben und Tod zu begreifen. In unserem Buch erinnern wir an vergangene Erfahrungen und beziehen sie auf unsere Gegenwart. Dabei entstehen neue Formen des Selbst- und Weltverständnisses. Diese ergeben sich auch aus unserer individuellen Lebensgeschichte in der deutsch-europäischen bzw. in der japanisch-asiatischen Kultur. Unsere gemeinsamen und zugleich unterschiedlichen Erfahrungen eröffnen einen Raum der Reflexion und Meditation, in dem Kraft und Zuversicht, aber auch Sorge und Wehmut entstehen.

Für die Fotos, die die japanischen Briefe begleiten, danken wir Yoichiro Yasui. Besonderen Dank schulden wir Rolf Elberfeld, der die japanischen Briefe ins Deutsche übertragen hat, und Michael Sonntag, der uns bei der redaktionellen Arbeit unterstützt hat.

Shoko Suzuki und Christoph Wulf
Kyoto und Berlin im Sommer 2012

Der Tod der Eltern als Wende im Leben

In diesem Jahr war der Herbstanfang vergleichsweise warm, so dass sich das Herbstlaub noch mehr verspätete als im vergangenen Jahr. Einige Zeit habe ich mich nicht gemeldet, und ich hoffe, es geht Ihnen gut. Es liegt nun schon drei Jahre zurück, dass wir uns im Herbst in Kyoto auf der Tagung des japanisch-deutschen Forschungskreises getroffen haben, dessen Thema damals „Das Schöne" war. Nach der Tagung hatten wir zum ersten Mal die Gelegenheit, in Ruhe miteinander zu sprechen. In jener Zeit hatte ich gerade meinen Vater und meine Mutter nur kurz hintereinander beim Sterben begleitet, und so sprachen wir auch über mein damaliges Befinden. Bei der Gelegenheit stellte sich heraus, dass auch Sie – wenn auch schon ein wenig länger zurückliegend – die gleiche Erfahrung gemacht hatten. Auch wenn wir uns noch nicht so lange kannten, empfand ich zwischen uns durch diese gemeinsame Erfahrung eine eigentümliche Verbindung. Wie ich mich jetzt erinnere, sprachen wir damals auch darüber, dass wir es beide zu unserem Beruf gemacht hatten, das Wesen des Menschen und seine Veränderung in Bildungsprozessen zu erforschen, wobei wir es beide besonders wichtig fanden, immer im Auge zu behalten, wie sich unser Denken angesichts der eigenen persönlichen Erfahrungen verändert.

Ohne solche Erfahrungen kann man weder über das menschliche Leben noch über den Menschen sprechen. Zugleich ist es aber auch nicht möglich, darüber nur anhand von eigenen Erfahrungen zu sprechen. Gerade in dieser Stellung zwischen beiden Perspektiven, der „wissenschaftlichen" und der „persönlichen", sehe ich unsere Position und unsere Aufgabe in der Erforschung menschlichen Lebens und menschlicher Bildung. Ich empfinde es als eine besondere Gunst, dass wir Menschen im Hinblick auf unser Woher und Wohin einige „ewige Fragen" in uns tragen: Worin besteht eigentlich meine eigene Existenz, woher kommt sie und wohin geht sie? Uns ist die gleiche Lebensaufgabe gegeben, und in diesem Sinne fühle ich mich verpflichtet zu fragen, was es bedeutet, Mensch zu sein und den Menschen und seine Bildung zu erforschen.

Bei mir selbst hat sich durch die individuelle Erfahrung, meinen Vater und meine Mutter in rascher Folge verloren zu habe, das Bewusstsein verstärkt, dass die Basis meiner eigenen Arbeit in Frage gestellt worden ist. Bis hierhin war doch sehr begrenzt, was ich als Erziehungswissenschaftlerin und Bildungsphilosophin über die Prozesse menschlicher Entwicklung gesagt und geschrieben habe. Vor dem Sterben meiner Eltern war ich dem Tod nur bei meinen Großeltern und bei einigen Bekannten begegnet. Das Erlebnis, die Eltern so kurz nacheinander zu verlieren, die dichte Intimität der Erfahrung, sie im eigenen Haus bis zuletzt zu begleiten, die Eltern in die andere Welt zu verabschieden, und auch die tiefe Empfindung, dass die Sterbenden der eigenen Familie angehören und wie sehr ich davon betroffen wurde, sowie schließlich nach ihrem Tod die Wahrnehmung, dass ich begann, anders über das menschliche Leben nachzudenken – all das waren für mich völlig neue Erfahrungen. Sie, lieber Herr Wulf, ermutigten mich damals mit herzlichen Worten, meine persönliche Erfahrung zum Ausgangspunkt zu nehmen und mich mit Ihnen über die in meinem Herzen aufsteigenden Gefühle und Gedanken auszutauschen; nach

Ihrer Auffassung würde sich vieles in diesem Prozess allmählich klären und Neues sichtbar werden.

Ein Grund dafür, dass es bis zu diesem ersten Schreiben so lange gedauert hat, ist sicherlich, dass ich von der alltäglichen Rastlosigkeit meiner universitären Arbeit so stark in Anspruch genommen wurde. Zugleich ist es aber auch eine Tatsache, dass sich, will man über die Erfahrung mit dem Verlust sehr nahestehender Menschen sprechen, einem eine Wand in den Weg stellt, die mit den Augen nicht sichtbar ist. In Japan gilt nach buddhistischer Sitte, dass man für die Verstorbenen nach sieben Tagen, nach 49 Tagen, nach dem ersten Jahr, nach drei Jahren, nach sieben Jahren usw. eine Gedenkfeier abhält. Von einem mir bekannten Hauptpriester eines Tempels der Jodoshin-Schule habe ich dazu Folgendes gehört: Kummer und Schmerz, die durch den Verlust eines Menschen entstehen, werden sich gerade zu dem Zeitpunkt verwandeln, wenn man nach dem ersten und zweiten Jahr den dritten Jahrestag begeht – das ist etwas sehr Wundersames, als ob das persönliche Empfinden und die rituelle Praxis des Buddhismus aufeinander abgestimmt wären. Ein Jahr nach dem Tod ist der Kummer noch sehr groß. Aber mit Hilfe der buddhistischen Rituale lösen sich Kummer und Schmerz nach und nach im Verlaufe des zweiten und dritten Jahres. Der Hauptpriester sagte zu mir, es scheine allgemein so zu sein, dass in dem Augenblick, wie lange er auch dauern mag, in dem der Mensch sein Herz in Ordnung bringt und den Kummer überwindet, auch die Kraft, die in ihm wächst, wieder sichtbar wird, und dass aus diesem Grunde die buddhistischen Rituale so gelegt sind, dass man nach zwei und vor allem nach drei Jahren in besonderer Weise der Toten gedenkt.

Anders als im Christentum besuchen die Gläubigen im Buddhismus nicht jeden Sonntag den Tempel. Außer zu Gelegenheiten buddhistischer Belehrungen, an Gedenktagen der verstorbenen Ahnen, der Feier des Erwachens Buddhas (*ohigan*) und des allgemeinen buddhistischen Totengedenktages (*obon*) geht man normalerweise nur selten in den Tempel. Doch die Ausführung des buddhistischen Rituals des Totengedenkens, durch das die Zeit nach dem Todesfall eine Gestalt erhält, ist für die Hinterbliebenen und Trauernden eine Pflicht. Zugleich wird durch die Ausführung dieser Pflicht das Ritual auch zu einer wichtigen Möglichkeit, die Gefühle der Trauer in gewisser Weise zu ordnen. Das erste Jahr, nachdem man einen wichtigen Menschen verloren hat, ist eine Zeit, in der man den Lauf der vier Jahreszeiten, Frühling, Sommer, Herbst und Winter, besonders intensiv erlebt. In diesen Zeiten fallen einem die vielen Dinge wieder ein, die man mit der verstorbenen Person zusammen erlebt hat, so dass das Gefühl der Trauer, einen wichtigen Menschen verloren zu haben, eher noch weiter wächst. Es stellen sich auch Fragen ein wie: „Warum habe ich damals dieses nicht gemacht?" und „Warum habe ich in jener Situation jenes nicht gemacht?" Man fragt sich, ob es durch mehr eigene Fürsorge und Anstrengung möglich gewesen wäre, die Zeit bis zum Tod des Verstorbenen zu verlängern. Man bedauert das vermeintliche Ungenügen der eigenen Handlungen vor dem Tod des Verstorbenen. So kommt es auch zu Zeiten, an denen man an sich selbst leidet. Manchmal geschieht es, dass unversehens ein Mensch am Bahnhof oder eine im Zug gegenüber sitzende Person die Gesichtszüge der so schmerzlich vermissten Verstorbenen annimmt, und man beginnt zu weinen.

Auch das Ordnen der Hinterlassenschaft ist eine schwierige Aufgabe für das Herz. Wenn man mit Hilfe von Verwandten und Bekannten die Hinterlassenschaften zu unterscheiden und zu ordnen versucht, rufen die Beziehungen, die der oder die Verstorbene zu den Dingen hatte, sogleich gemeinsame Erinnerungen wach, die einen zum Weinen und manchmal auch zum Lachen bringen, die aber zugleich auch einen gewissen Trost spenden. So erhält man auf diese Weise sowohl von Verwandten als auch von nahestehenden Menschen inmitten der Trauer um einen wichtigen Menschen, den man verloren hat, herzliche Zuwendung und Unterstützung.

In Japan ist es Brauch, wenn man einen nahen Verwandten verloren hat, zum darauf folgenden Jahresanfang die obligatorischen Neujahrsgrüße nicht zu verschicken. Stattdessen schickt man, bevor das neue Jahr beginnt, eine Grußkarte, die darauf hinweist, dass man wegen Trauer keine Neujahrsgrüße schicken wird. In katholischen Ländern wie Italien sieht man heute noch von Zeit zu Zeit Witwen, die sich einige Jahre in schwarze Trauerkleidung hüllen. Je nach Religion und Land gibt es wohl verschiedene Zeiten für die Trauerkleidung. Welche Gewohnheiten haben sich dafür in Deutschland ausgebildet?

Wie man weiß, hat sich die japanische Gesellschaft in den letzten Jahren an die Arbeitszeiten einer entfesselten Wirtschaft angepasst, so dass verschiedene Rituale während des Jahres abgekürzt worden sind. Da sich auch die buddhistischen Rituale der im Fahrwasser der Rationalisierung beschleunigten Gesellschaft angepasst haben, verändern sich mehr und mehr auch die Zeiten für die Trauerkleidung. Ist man immer noch vom Schmerz der Trauer gefangen, so wird man inmitten des geschäftigen Alltagsrhythmus auf verschiedene Weise versuchen, dieses Gefühl nicht nach außen dringen zu lassen, da man sich diese Schwäche nicht erlauben darf. Solange der Verlust nicht länger als ein Jahr zurückliegt, kann man noch auf die Rücksichtnahme und das Mitgefühl der Umgebung hoffen. Liegt der Todesfall aber bereits zwei oder drei Jahre in der Vergangenheit, so bringen vielleicht noch die Familie und die Verwandten Verständnis auf, aber alle anderen sagen einem mit kühler Miene, dass es nicht gut sei, so lange vor sich hin zu leiden. Im geschäftigen Japan der Gegenwart wird der Abstand zwischen der Art von Zeit, die in unserem Herzen fließt, und der Zeit, durch die die Gesellschaft bestimmt wird, immer größer, so dass es die Gesellschaft nicht erlaubt, sich in Ruhe die Zeit für die Trauerkleidung zu nehmen, die notwendig ist, um den schmerzreichen Verlust zu heilen. Bevor die moderne Gesellschaft entstand, wurde natürlich die Zeit der Trauerkleidung vor allem in der Familie und unter den Verwandten als ein in aller Ruhe durchzuführendes Ritual eingehalten und für sehr wichtig erachtet. Dazu kommt, dass in den Dörfern und Städten die Ältesten und die Vertreter der Religion eine wichtige Rolle spielten. Da in der gegenwärtigen Gesellschaft im Falle der Trauer kaum noch Unterstützung organisiert wird, bleibt jedem einzelnen Menschen die schwierige Aufgabe zunehmend selbst überlassen, wie er die Einsamkeit und den Schmerz, für die kein Ort mehr vorgesehen ist, und die vielen Gefühle, die die schwierige Zeit der Trauer begleiten, unter Kontrolle bringen kann. Heute gehen die Menschen, die einen nahen Verwandten verloren haben, in Selbsthilfegruppen, um ihre Erfahrungen mit anderen zu teilen, oder sie werden neuerdings von Fachleuten psychologischer Kliniken im Rahmen eines „Counseling" unterstützt. Eigentlich habe ich nichts dagegen; auch empfinde ich in Bezug auf die gegenwärtige Gesellschaft kein besonderes Gefühl der Fremdheit.

Auch heute noch lebe ich in dem Gefühl, mitten in der Zeit der Trauer zu sein. Das hängt wohl auch damit zusammen, dass ich alleine lebe, ohne Familie, und ein sehr individuelles Leben führe. Seitdem ich Vater und Mutter verloren habe, hat sich bei mir eine Veränderung eingestellt, die die in Schlaf und Traum erlebten Dinge betrifft. Manchmal kann ich nicht mehr zwischen Traum und Wirklichkeit unterscheiden, so dass ich etwas erlebe, das irgendwie dazwischen zu liegen scheint. Ich weiß nicht, ob es sich um einen Traum handelt, während ich wach bin, oder um einen Traum, in dem ich zugleich die Wirklichkeit erlebe. Ich kann auch nicht sagen, ob es ein Wachtraum ist. Es ist, als ob meine verstorbenen Eltern und andere Bekannte sich real bewegten, sprächen, lachten und wir gemeinsam Zeit verbrächten, so, als wären sie immer noch am Leben. Dabei ist mir der Tod der Verstorbenen völlig bewusst und mein Zusammensein mit ihnen kommt mir sehr eigentümlich vor, so dass ich sie dann manchmal frage: „Ihr seid doch eigentlich schon gestorben! Warum seid ihr dann jetzt hier?" Dann aber, ganz plötzlich, inmitten dieses „wirklichen" Zusammenseins, kommt ein Augenblick, der mir klar macht, dass es nur ein Traum war. Ich werde dann erneut von dem Gefühl erfasst, die Verstorbenen verloren zu haben und werde durch die eigene Stimme, die weinend in sich zusammenbricht, aus dem Schlaf geweckt. Mittlerweile denke ich manchmal, dass es sich wohl um etwas Ähnliches handelt, wenn in alten Geschichten davon gesprochen wird, dass jemand einen Verstorbenen im Traum sieht und dabei das Kissen mit seinen Tränen benetzt.

Von den Eltern zu den Kindern

Ich verstehe sehr gut, was Sie über die Erfahrung des Todes nahestehender Menschen schreiben. Sie verändert uns grundlegend. Wir werden uns unserer Zeitlichkeit bewusst. Wie die Verstorbenen, von denen wir durch den Tod getrennt werden, sind wir Gäste auf dieser Welt, die hier für einige Zeit verweilen und dann wieder fortgehen. Wir wissen nicht, woher wir kommen und auch nicht wohin wir gehen. Wir wissen nur, dass wir hier sind und in unserem Dasein uns und anderen gegeben sind. Besonders deutlich habe ich diese Erfahrung beim Tode meiner Eltern gemacht. Als sie gestorben waren, war ich mit einem Mal an eine andere Stelle im Gefüge der Generationen getreten. Es gab keinen mehr, der vor mir war. Ich hatte den Platz meiner Eltern eingenommen. Innerhalb eines Jahres waren sie von mir gegangen und in der gleichen Zeit waren meine Kinder Katharina und Alexander ins Leben getreten. Als ihr Vater hatte ich nun die Stelle meines Vaters eingenommen. Meine Eltern hatten die Geburt Katharinas erlebt und konnten noch eine erste, ein wenig hilflose Beziehung zu ihr anbahnen, bevor sie in einem aufeinander abgestimmten Prozess gemeinsam zu sterben begannen. Als sie die Welt verließen, wussten sie von der bevorstehenden Geburt Alexanders. Für beide lag Glück und Hoffnung darin, dass sich ihr Leben nun auch in der nächsten Generation fortsetzen würde.

Für mich war es ähnlich. Der Eintritt meiner Kinder ins Leben überlagerte den Austritt meiner Eltern aus dieser Welt. Vielleicht lag hier der Grund, dass ich den Schmerz über den Verlust meiner Eltern nicht so stark empfunden habe wie Sie, liebe Frau Suzuki? Wahrscheinlich erlebe ich die Leerstelle, die der Tod meiner Eltern hinterlassen hat, heute, da sich meine Kinder anschicken, aus dem Hause zu gehen, stärker als damals, als sich meine Lebenswelt durch die Ankunft der Kinder mit neuem Leben füllte, das Zuwendung, Aufmerksamkeit und Sorge verlangte. Mit der Geburt ihrer beiden Enkelkinder erfüllte sich das Leben meiner Eltern, die spürten, dass das Leben ihres Sohnes nun den von ihnen erhofften Verlauf nahm.

Oft bin ich meinen Eltern in den vergangenen Jahren in Tagträumen begegnet, habe mit ihnen Zwiesprache gehalten, sie um Rat gefragt, und dann doch anders gehandelt. Wiederholt habe ich die Orte aufgesucht, an denen ich besondere Erinnerungen mit ihnen teilte, vor allem Bad Harzburg, wo sie so gerne verweilten, und Britz, den Ort meiner Kindheit und ihrer Lebenswelt, sowie ihr Grab auf dem Waldfriedhof in Zehlendorf, auf dem ein großer, nur wenig behauener Felsen an sie erinnert. Ich habe meine Kinder oft zur Britzer Lebenswelt meiner Eltern geführt, um ihnen von ihren Großeltern zu erzählen, an die sie selbst keine Erinnerungen hatten. Diese Besuche waren Rituale der Erinnerung und der Verarbeitung einer unwiderruflichen Trennung. Zwar fanden sie nicht an festen Tagen in einem vorgeschriebenen Rhythmus statt, wie sie sich vielleicht in Japan vollzogen hätten, doch waren sie deshalb nicht weniger nachhaltig. Ich ging zu diesen Orten und erzählte Katharina und Alexander von ihren Großeltern und den Ereignissen, die sie und mich berührt hatten. Es entstanden Bilder der Erinnerungen, Szenen und Erzählungen, die sich in das Gedächtnis ihrer Enkel einbildeten, um in deren Vorstellungswelt weiterzuwirken und ihrem Leben Kontinuität und Halt zu geben. Bei diesen Erinnerungen entdeckte ich Weisen des Sprechens, die ich von meinem Vater übernommen hatte, in die sich Zärtlichkeiten mischten, die ich erfahren hatte und die ich an meine Kinder weitergab, die nicht wussten, aber vielleicht manchmal spürten, dass sie in meinen Berührungen auch die ihrer Großeltern erfuhren.

Im Unterschied zu den institutionalisierten Ritualen, von denen Sie aus Japan berichten und in denen der religiöse Brauch den Angehörigen der Verstorbenen rituelle Erinnerungen vorschreibt, waren diese Besuche und Erzählungen von mir stark individuell gestaltete Rituale. Diese Rituale der Erinnerung, in denen eine intergenerative Gemeinschaft zwischen meinen Eltern, mir und meinen Kindern entstand, hatten, vor allem, wenn sie an der mittelalterlichen Dorfkirche mit ihrem verwunschenen Teich und ihrem großzügigen Pfarrhaus stattfanden, einen Ort, ohne dessen erinnerungsträchtigen Charakter sie nicht hätten entstehen können. Diese rituellen Arrangements hatten einen Anfang, der durch unsere Ankunft an der Kirche, an der mein Vater dreißig Jahre lang Pfarrer gewesen war, und ein Ende, das durch unsere Abfahrt von diesem Erinnerungsort bestimmt war. Dazwischen entstanden Erinnerungen, von den an den Ort gebundenen Bildern der Vergangenheit hervorgerufen, und von den Kindern mit Faszination und Neugier aufgenommen. Bei diesen Besuchen schwand die Differenz zwischen Vergangenheit und Gegenwart. Die von meinen Erzählungen beschworenen Bilder der Vergangenheit überlagerten die Wahrnehmungen der Gegenwart. Die Wurzeln des Baumes am Rande des Teiches wurden zu dem Geflecht, in dem sich der kleine, um Hilfe rufende, ins Wasser des Teiches gefallene Junge festhielt, bis ihn der Kirchendiener wieder herauszog und ins warme Elternhaus brachte. Die Sakristei wurde wieder zu dem Ort, an dem der Großvater im schwarzen Talar den Bischof aus Indien empfing, der so bewegend von der Not der Kinder dort berichtete, dass der kleine Junge beschloss, sein gespartes Taschengeld dem Bischof für die Kinder in Not mitzugeben. In diesen Besuchen schoben sich die Lebenswelt der Großeltern und meine ineinander und wurden für meine Kinder bedeutungsvoll, als habe ihr Leben auch hier begonnen.

Meine Eltern liebten es, wenn ich ihnen, die sie selbst eher zurückgezogen lebten, von meinem Leben erzählte. Für sie wurden diese Erzählungen zu einem wichtigen Teil ihres Lebens, aus dem sie Kraft schöpften. Ich besuchte sie regelmäßig und versuchte, etwas von der Außenwelt in ihr kleines, in sich abgeschlossenes Atriumhaus in Berlin-Nikolassee zu bringen. Ähnlich verhielt sich mein Bruder Hans, der auf den Tag genau fünfzehn Jahre älter ist als ich und der sie regelmäßig besuchte und so auch dazu beitrug, ihre Sehnsucht nach einem erfüllten Alter zu stillen. Vielleicht bin ich zu wenig selbstkritisch, doch ich habe keine unerledigten Probleme mit meinen Eltern. Von wenigen Zeiten in der Adoleszenz abgesehen, gab es kaum Streitpunkte zwischen uns. Sie und ich hatten früh gelernt, mit den Unterschieden zu leben, die weder sie noch mich beunruhigten. Solange alles in einem akzeptablen Rahmen blieb, lebte jeder so, wie er es für richtig hielt. Es gab nicht den Anspruch, bei Fragen und Problemen übereinstimmen zu müssen. So konnten wir uns nahe sein. Was uns unterschied und manchmal trennte, wurde selten zum Thema. Durch grundsätzliche Übereinstimmung wurden die Differenzen überdeckt. Konflikte wurden durch Ausweichen vermieden und nicht durch Konfrontation bearbeitet. Dass dies in Familien auch anders sein kann, habe ich schmerzlich, aber auch befreiend im Zusammenleben mit meiner Frau Rosemarie erfahren.

Schloss und Teich

Meinen Eltern und mir war ein langer, doch nicht quälender Abschied voneinander möglich. Er begann im Frühjahr, als sich die Nierenfunktion meiner Mutter nachhaltig verschlechterte und sie dreimal wöchentlich zur Dialyse in die Universitätsklinik musste.

Mein Bruder und ich hatten es uns so eingeteilt, dass unser Vater und entweder er oder ich sie ins Krankenhaus brachten und sie nach einigen Stunden auch wieder abholten, wobei wir versuchten, einige Zeit gemeinsam mit unserem Vater und unserer Mutter zu verbringen. In meinem Fall war dies nur möglich, weil sich meine Frau Rosemarie in dieser Zeit um Katharina kümmerte. So verging der Frühling. Verschiedentlich musste unsere Mutter in dieser Zeit auch länger im Krankenhaus bleiben; dann brachten mein Bruder und ich unseren Vater im Wechsel zu ihr, so dass er nur noch zurück in sein Haus mit dem Taxi fahren musste. In diesem Jahr war der Frühling besonders schön. Mein Vater, der ein starkes Gefühl für die Rhythmen des Jahres und eine besondere Liebe für den späten Frühling hatte, erlebte ihn mit großer Intensität. Wiederholt zeigte er mir die blühenden Sträucher und Blumen in seinem Garten, deren leuchtendes Weiß, Gelb, Rot und Violett mit dem Grün der Blätter uns tief berührte. Vielleicht ahnten wir beide, dass dies unser letzter gemeinsamer Frühling sein würde. Wie sehr hätten meinen Vater die Mandel-, Kirsch- und Pflaumenblüten beglückt, die in jedem Frühling so viele vor allem ältere Japaner erfreuen, die mit ihren Fotoapparaten die Kunde vom neu erwachten Leben festzuhalten versuchen.

Als sich allmählich der Zustand meiner Mutter verschlechterte und sie im Krankenhaus bleiben musste, wünschte sie sich, über den Kurfürstendamm gefahren zu werden und im Café Kranzler einen Nachmittag mit einem Kännchen Kaffee und einem Stück Kuchen zu verbringen. So wollte sie am Leben der Stadt teilnehmen. In einer Rücksprache mit dem sie betreuenden Arzt antwortete mir dieser: „Wenn Sie es aushalten können, dass Ihre Mutter bei einem solchen Ausflug stirbt, dann können Sie ihr den Wunsch erfüllen. Wir wissen nicht, wann der Tod eintritt. Und eigentlich ist es dann auch gleichgültig, wo es geschieht." Für mich waren diese Worte erleichternd; ich empfand sie als weise. Wir sind einige Male ins Café Kranzler und zu anderen Orten ihres Lebens gefahren, bevor sie von uns ging.

Allmählich kam der Sommer; uns allen wurde deutlich, dass meine Mutter, falls sie das Krankenhaus überhaupt jemals wieder verlassen würde, mehr Hilfe brauchen würde, als sie mein 81-jähriger Vater ihr hätte geben können. Was konnten wir tun? Mein Bruder und seine Frau sahen sich nicht in der Lage, das notwendige Ausmaß an Pflege aufzubringen. Meiner Frau und mir mit den bald unsere Sorge in Anspruch nehmenden beiden Kindern schien dies ebenfalls kaum möglich zu sein. Allmählich ließen die Kräfte meines Vaters nach. Mit einiger Mühe fand ich ein Alters- und Pflegeheim, das nur einige hundert Meter von unserer Wohnung am Kleinen Wannsee entfernt sehr schön am Waldesrand gelegen war; es war mir sogar gelungen, dort eine kleine Zweizimmer-Wohnung zu bekommen, in die meine Eltern nach drei Monaten hätten einziehen können. Wir wären dann in der Nähe gewesen und hätten uns weiter um sie kümmern können. Als ich, nach einigen Vorgesprächen mit meinem Vater, in denen er meine Bemühungen freundlich zur Kenntnis nahm, ihm nun erleichtert erzählte, welch eine gute Lösung ich gefunden hatte, blickte er mich zustimmend an, fügte aber hinzu: „Ich weiß nicht, ob das für mich das Richtige ist. Es ist sicherlich eine gute Lösung, so in Eurer Nähe mit den beiden Zimmern am Rande des Waldes. Doch ich habe immer in einem eigenen Hause gelebt; ich weiß nicht, ob es mir gefällt, mit anderen zusammenzuleben." Mit seiner Zustimmung mietete ich die Wohnung in dem Alters- und Pflegeheim. Doch es kam nicht mehr dazu, dass er und meine Mutter dort einzogen.

Wir waren für drei Wochen nach Vieux Boucau an die Côte d'Argent nach Südfrankreich gefahren, mit meinem Schwager, seiner Frau und ihren Kindern, als ich nach zwei Wochen an einem frühen Morgen ein Blitztelegramm von meinem Bruder bekam, ich solle sofort nach Berlin zurückkommen, meinem Vater ginge es nicht gut. Noch am Nachmittag desselben Tages gelangte ich in das in der Nähe des Hauses meiner Eltern gelegene evangelische Hubertuskrankenhaus. Was war geschehen? Bereits vor zwei Tagen hatte mein Vater einen Herzinfarkt gehabt. Am Morgen dieses Tages hatte er noch seine ältere Schwester in Hamburg angerufen, mit der er regelmäßig telefonierte; sodann hatte er einige Überweisungen gemacht und sich schließlich, da er sich nicht wohl fühlte, ins Krankenhaus begeben. Hier hatte er am Nachmittag einen schweren Herzinfarkt erlitten. Als ich zu ihm kam, war er guter Dinge. Von dem Geschehen gezeichnet, lag er im Bett. Als ich ihn in den Arm nahm, sagte er: „Ich weiß gar nicht, was die hier haben; mir geht es gut." Dann erzählte ich ihm, wie es uns in Südfrankreich ergangen war. Das Sprechen strengte ihn an. In ihm war eine leichte Unruhe. Ich hielt seine Hand und bedeutete ihm, dass wir nicht sprechen müssten. Gegen Abend kam der behandelnde Arzt, der mir in einem Gespräch im Flur deutlich machte, dass die Lage meines Vaters sehr ernst sei, es keine Hoffnung gäbe, man aber auch nicht sagen könne, wann der Tod eintreten würde. Als mein Bruder ein wenig später ins Krankenhaus kam, erzählte er, dass es unserer Mutter relativ gut ginge und er unsere Eltern, die mehr als fünfzig Jahre miteinander gelebt hatten, gestern noch im Krankenzimmer meines Vaters zusammengebracht hatte. Er habe sie dann alleine gelassen, so dass sie voneinander Abschied nehmen konnten.

Langsam wurde es dunkler; mein Bruder verabschiedete sich und kündigte seinen Besuch für den nächsten Morgen an; ich beschloss, die Nacht bei meinem Vater zu bleiben, zumal mir auch die Krankenschwester gesagt hatte, es könne jeden Augenblick so weit sein. Ich setzte mich an sein Bett, in dem er an mehrere Apparate angeschlossen lag. Anfangs hielt ich wieder seine Hand. Dann schlief er ein; plötzlich begann der Apparat, der seine Herzrhythmen aufzeichnete, Alarmzeichen von sich zu geben. Die Schwester kam herein, gab ihm eine Spritze, damit er leichter atmen konnte, stellte den Ton des Apparates aus, sah mich vielsagend an und verließ wieder den Raum. Ich beugte mich über meinen Vater, nahm ihn in den Arm, streichelte ihn. Plötzlich hörte sein Atem auf; der Apparat zeigte keine Ausschläge mehr. Die Schwester kam wieder herein, stellte den Apparat endgültig ab und verließ wieder den Raum, in dem ich bis zum frühen Morgen verweilte. Ich weiß nicht mehr, was ich empfunden, was ich gedacht habe ... ich saß nur da, in einer eigenartigen Zwischenwelt.

Jetzt, da ich dies schreibe, bin ich stark bewegt. Immer wieder sind die Erinnerungen an diese Stunden in mir aufgestiegen. Mein Vater hatte mit dem Sterben solange gewartet, bis ich aus Südfrankreich zurückgekommen war, damit wir uns voneinander verabschieden konnten. Er hatte mir nicht nur gezeigt, wie ich leben konnte, sondern auch, wie ich sterben könnte. Für beides bin ich ihm zutiefst dankbar, auch jetzt, wo mir die Tränen kommen und ich mich an einen der ersten Sätze der abendländischen Philosophie erinnere. „Ursprung der Dinge ist das *Apeiron*; daraus entstehen sie und darin vergehen sie mit Notwendigkeit. Denn sie leisten einander der Buße vor dem Unrecht der Zeit."

Als mein Bruder am frühen Morgen kam, sind wir noch lange in dem Raum sitzen geblieben. Wir haben zusammen das Vaterunser gesprochen, haben dann das Krankenhaus verlassen, gemeinsam gefrühstückt und schließlich getan, was zu tun war. Wir gingen zu einem Bestatter, der sein Geschäft ein paar Straßen weiter hatte und bei dem wir den Sarg und den Blumenschmuck, die Zeitungs- und die individuell zu verschickenden Todesanzeigen bestellten, und der uns viele organisatorische Handlungen abnahm. Anschließend sind wir zum Waldfriedhof gegangen, auf dem wir eine große Grabstätte unter Bäumen auswählten. Der Ort war genau so, wie wir es erhofft hatten: Bäume, Sträucher, Gras – eine Erinnerung an die Gärten meines Vaters, die er sein Leben lang bestellt und gepflegt hatte. Lange standen wir an diesem Ort, um uns mit ihm vertraut zu machen. Auch hier haben wir noch einmal gemeinsam ein Vaterunser gesprochen. Dann gingen wir zu einem Grabstein-Unternehmen gegenüber dem Friedhof und bestellten einen großen, grünen, schweren Naturstein. Wir wussten, dass er bald nicht nur den Namen unseres Vaters, sondern auch den unserer Mutter tragen würde. Als wir bei dem Bestatter einen Text für die Anzeigen aussuchten, wählten wir den Psalm, den mir mein Vater zur Konfirmation als Leitspruch für mein Leben ausgewählt hatte und in dem er – und später auch ich – sein Verhältnis zu Gott am besten ausgedrückt fand: „Ehe denn die Berge wurden und die Erde und die Welt geschaffen wurden, bist du, Gott, von Ewigkeit zu Ewigkeit" (90. Psalm). Auf häufig in Anzeigen verwendete Zusätze wie „in Dankbarkeit", „in großer Liebe", „in treuer Erinnerung" beschlossen wir zu verzichten und fügten nur die Namen der Familienangehörigen hinzu.

Wie es in Deutschland üblich ist, fand die Beerdigung ein paar Tage später statt. Mein Bruder, der Philosoph, Theologe und ordinierter Pfarrer ist, sah sich in der Lage, den Trauergottesdienst in der Friedhofskapelle und die Beerdigung selbst durchzuführen. Während ich unsere Mutter mit ihrem Rollstuhl aus dem Krankenhaus holte, machte er an diesem Morgen einen zweistündigen Fußmarsch von seinem Haus in Lichterfelde zum Friedhof nach Zehlendorf. Wie er mir später erzählte, brauchte er diesen Fußweg, um sich zu sammeln. Als ich mit meiner Mutter ankam, war er schon da. Im schwarzen Talar begrüßte er die kleine Trauergemeinde aus Verwandten und einigen Bekannten, mit denen meine Eltern bis zuletzt Kontakt hatten. Merkwürdigerweise erinnere ich mich an den Trauergottesdienst, zu dem meine Frau Rosemarie mit unserer Tochter Katharina und mit ihren Eltern und Geschwistern gekommen war, nur mit Mühe. Mein Bruder hatte die Lieder ausgewählt, von denen er wusste, dass sie meinem Vater besonders viel bedeuteten. Das erste stammt von Paul Gerhardt, der vor vierhundert Jahren geboren wurde und neben Martin Luther der bedeutendste Dichter evangelischer Kirchenlieder ist.

Befiehl du deine Wege,
Und was dein Herze kränkt,
Der allertreusten Pflege
Des, der den Himmel lenkt!
Der Wolken, Luft und Winden,
Gibt Wege, Lauf und Bahn,
Der wird auch Wege finden,
Da dein Fuß gehen kann.

Das zweite Lied stammte von Martin Luther, der mit der Übersetzung der Bibel ins Deutsche einen wichtigen Beitrag zur Entwicklung der Sprache geleistet hatte, und mit dem sich mein Vater und mein Bruder sehr verbunden fühlten:

Ein' feste Burg ist unser Gott,
Ein gute Wehr und Waffen;
Er hilft uns frei aus aller Not,
Die uns jetzt hat betroffen.
Der alt' böse Feind,
Mit Ernst er's jetzt meint,
Gross' Macht und viel List
Sein' grausam' Rüstung ist,
Auf Erd' ist nicht seingleichen.

Diese Lieder, die ich oft im Kindergottesdienst gesungen hatte, wurden nun von der Trauergemeinde zum Abschied angestimmt. Mit Lied und Wort entstand ein liturgischer Raum, der die anwesenden Menschen mit dem Toten verband. In diesen Raum hinein vergegenwärtigten die Worte meines Bruders das Leben unseres Vaters, dessen Leichnam in einem geschmückten Sarg aufgebahrt unter einem Kreuz lag. Ein Glaubensbekenntnis und ein Vaterunser wurden gesprochen. Die Glocken läuteten, die Trauergemeinde erhob sich, die Friedhofswärter nahmen die Kränze und Blumen und legten sie mit dem Sarg zusammen auf einen Wagen, den sie langsam aus der Kapelle hinaus zum Grab schoben. Von meinem Bruder im Talar angeführt, folgte die Trauergemeinde meinem Vater auf seinem „letzten Weg". Begleitet von meiner Frau schob ich den Rollstuhl mit meiner in sich zusammengesunkenen Mutter.

Wie es Brauch ist, wird am offenen Grab, in das der Sarg mit
dem Verstorbenen gesenkt wird, das Vaterunser gesprochen. Dann
wirft jeder Anwesende dem Toten drei Hände voll Erde ins offene
Grab nach. Sodann teilt sich die Trauergemeinde; die einen verlassen den Friedhof, um ihren Geschäften nachzugehen, die anderen,
die Verwandten und Freunde, treffen sich zum Totenmal. Wir gingen in ein nahe gelegenes Restaurant, in dem unserer Eltern früher
gerne gewesen waren. Dort wurde gegessen und miteinander gesprochen, über den Verstorbenen, die unterschiedlichen Erinnerungen, über unsere immer hinfälliger werdende Mutter. Lange saßen
wir nicht zusammen: Meine Mutter wurde „müde" und schlief ein.
Ich brachte sie wieder ins Krankenhaus, wo sie die notwendige
Pflege erhielt. Wie schon zuvor besuchten mein Bruder und ich sie
im Wechsel, so dass an jedem Tag einer von uns für einige Zeit bei
ihr war. Oft saß ich nur einfach bei ihr; manchmal erzählte ich ihr
von dem, was sich ereignete. Ab und zu fuhren wir zum Café
Kranzler an den Kurfürstendamm ...

Eines Morgens kam ein Anruf aus der Klinik. Meine Mutter
hatte einen Herzanfall gehabt; man habe sie auf die Intensivstation
gebracht; es ginge ihr den Umständen entsprechend gut. Wir fuhren
zu ihr; sie war bleich, von ihrer Niereninsuffizienz gezeichnet. Einige Tage später bat der sie betreuende Kollege aus der Universitätsklinik meinen Bruder und mich zu einem Gespräch, in dem er
uns fragte, wie er sich verhalten solle, wenn meine Mutter wieder
einen Herzanfall bekäme. Sollte man sie wieder auf die Intensivstation holen, um dort ihr Herz mit Hilfe einer Maschine zu stimu-
lieren oder sollte man dem Geschehen seinen Lauf lassen. Wir zö-
gerten, denn wir wussten, was unsere Entscheidung bedeutete;
doch allmählich wurde uns klar, dass der Versuch, ihr Leben um
jeden Preis zu erhalten, nicht sinnvoll und nicht zu ihrem Besten
wäre. Zu einer solchen Situation, in der diese Entscheidung hätte
gefällt werden müssen, kam es nicht. Eines Tages war sie in einen
Zustand der Bewusstlosigkeit gefallen, in dem sie röchelnd atmete,
ohne etwas von sich und der Umwelt zu spüren. Meine Nachfrage
ergab, dass die Ärzte davon ausgingen, diese Situation sei für die
Patienten ohne Schmerzen; sie könne unterschiedlich lange anhalten. In der Regel kämen die Patienten nicht mehr ins Bewusstsein
zurück und stürben nach einiger Zeit. Doch wann dies sei, ließe
sich nicht voraussagen. So vergingen einige Tage, an denen wir
unsere Mutter nach wie vor besuchten. Wenn ich da war, erzählte

ich ihr wie früher vom Leben außerhalb des Krankenhauses. Als der behandelnde Arzt meinte, nach seinem Gefühl verschlechtere sich die Situation meiner Mutter weiter, beschloss ich, bei ihr zu bleiben. Ich bat, mir ein Bett in ihr Zimmer zu stellen. Die Nacht kam; ich hörte ihren röchelnden Atem. Anfangs hatte ich versucht, etwas zu lesen; doch es ging nicht. Manchmal sprach ich zu ihr oder ergriff ihre Hand, um sie zu streicheln. Ich fühlte eine starke Beklemmung. Die Stunden dehnten sich; vielleicht schlummerte ich auch ein wenig. Doch ich konnte nicht schlafen; es war, als müsse ich wachen und warten. Dann wurde das Röcheln leiser; ich ergriff ihre Hand; ihr Atem wurde flacher; plötzlich hörte er auf. Ich brauchte einen Augenblick, um mir bewusst zu werden, dass sie eingeschlafen war und nie wieder aufwachen würde. Am frühen Morgen kam mein Bruder. Wir sprachen gemeinsam ein Vaterunser. Dann wiederholte sich, was vor drei Monaten beim Tode unseres Vaters geschehen war.

Auch bei der Beerdigung meiner Mutter hielt mein Bruder den Trauergottesdienst: Wie bei meinem Vater war auch diesmal ihr älterer Bruder gekommen, zu dem sie sich immer hingezogen gefühlt hatte. Ihre jüngere, bei ihrer Tochter in München lebende Schwester war so krank, dass sie nicht zur Beerdigung kommen konnte. Ich hatte angeregt, dass auch dieses Mal der 90. Psalm im Mittelpunkt des Trauergottesdienstes stand. „Ehe denn die Berge wurden und die Erde und die Welt geschaffen wurden, bist du, Gott, von Ewigkeit zu Ewigkeit." Für mich haben diese Worte eine besondere Kraft, die mich mein Leben lang begleitet hat. Von meinem Bruder gesprochen, verbanden sie ihn, meine Mutter, meinen Vater und mich. Poietische Worte, die eine Welt schufen, die nicht vergänglich ist und auf die hin wir leben, ohne dadurch dem Tod zu entgehen. Tränen rannen mir über die Wangen, als wir unsere Mutter zu dem Grab geleiteten, neben dem unser Vater sie erwartete. Der Sarg wurde hinab gelassen. Hände voll Sand bedeckten den Sarg. Bald würde sie wieder ein Teil der Erde sein, auf der auch wir alle nur Gäste sind.

Welche Bildung für den Menschen heute?

Herzlichen Dank für Ihren Brief. Mit seiner Hilfe habe ich Ihr intensives Erleben der letzten Stunden im Leben Ihrer Eltern geteilt. In Japan wird oft gesagt: Der Mensch lernt dadurch, wie seine Eltern sterben, wie er mit seinem Leben und seinem Tod umgehen soll. Ich spüre in Ihrem Brief die Kette des Lebens, die das Sterben Ihrer Eltern mit der Geburt Ihres Kindes verbindet. So sammeln wir Menschen die Kräfte zum Leben. Wir leben in dieser Verbindung und finden unseren Lebenssinn in dieser Kette.

Diesmal schreibe ich inmitten der eiligen Geschäftigkeit, die in Japan immer zum Jahresende herrscht. In letzter Zeit habe ich wieder über die Bedeutung nachgedacht, die es hat, dem Jahresende entgegenzugehen und das neue Jahr zu begrüßen. Bei diesem Gedanken stellen sich sofort verschiedene Erinnerungen aus der Kindheit ein. Wenn im Haus der Familie, die dem Jahreswechsel entgegenging, die Vorbereitungen für das Großreinemachen, den Gang zu den Gräbern und die Neujahrsspeisen getroffen wurden, dann war die Geschäftigkeit der Erwachsenen „auf der Haut spürbar", und zugleich wartete ich auf den Jahresanfang, an dem ich das Neujahrsgeld erhalten würde, und zählte die Tage an den Fingern ab. Die eilige Geschäftigkeit zum Jahresende in der Zeit meiner Kindheit und die Geschäftigkeit, durch die die Menschen heute in Anspruch genommen werden, sind in ihrer Art und Weise sehr verschieden. Ein Unterschied besteht darin, dass in den letzten zehn Jahren die Rituale und Verrichtungen für das Jahresende und den Jahresanfang immer mehr vereinfacht und verkürzt werden. Heute wird das besondere Gefühl, wenn ein Jahr zu Ende geht und ein neues beginnt, nicht nur dadurch beeinträchtigt, dass man in den neu erstandenen Kalender die Termine für das kommende Jahr einträgt und in eiliger Geschäftigkeit die Neujahrskarten verschickt, sondern auch durch die offensive Werbung für die Sonderverkäufe zum Jahreswechsel sowie die Spezialprogramme, die man im Fernsehen präsentiert bekommt. Das Gefühl, mit dem ich damals das kommende Jahr „erwartete", an den Fingern die Tage in meinem „erwartungsvollen" Herzen zählte, wobei ich nach und nach alles Notwendige erledigte, während mein Körper in dieser Zeit „mitfloss", dieses Gefühl wird von Jahr zu Jahr dünner und flacher. Vergleichbares kann man sicher für die Adventszeit in Deutschland sagen, in der man auf Weihnachten wartet. Die Stille und Andacht dieser Zeit ist inzwischen wohl auch längst verloren gegangen. Gerade gestern hatte ich die Gelegenheit, auf einem Symposion an der Kyōto-Universität, veranstaltet vom Japanischen Wissenschaftsrat (*Science Council of Japan*) mit dem Thema „Welches menschliche Material (jinzai)[1] wird im Japan des 21. Jahrhunderts erforderlich sein?", einen Vortrag zu halten. In Japan gibt es ein Gefühl der Krise angesichts einer niedrigen Geburtenrate, der wachsenden Zahl alter Menschen und der Abnahme der japanischen Bevölkerung insgesamt. Zudem zeigt sich ein Gefühl der Unruhe in Bezug auf die Veränderungen in der Wirtschaftskultur der letzten Jahre. Um diesen Entwicklungen entgegenzutreten und Abhilfe zu schaffen, wird jetzt in Japan mehr und mehr über das „menschliche Material" oder „Menschenmaterial" (*jinzai*) diskutiert. Das Wort „jinzai" wurde in Japan in den 1960er Jahren von der Wirtschaft in die Diskussion eingebracht, zu einer Zeit, als mit besonderem Nachdruck eine Beschleunigung des Wirtschaftswachstums geplant wurde. Im Folgenden wurde es auch als ein Schlüsselwort in die Lehrplanentwicklung aufgenommen. Die Fähigkeiten der Menschen gerannen in der japanischen Gesellschaft zum „Menschenmaterial", und die Wertberechnung dieses Materials richtete sich nach dem Verlauf der Ausbildung. Dabei kam der Erziehung die wichtige Aufgabe zu, die Menschen entsprechend ihren Fähigkeiten für die erforderlichen Tätigkeiten zu qualifizieren. In Deutschland gab es wohl eine ganz ähnliche und vergleichbare Situation. Die Diskussionen um das *„human capital"* flammen nun zu Beginn des 21. Jahrhunderts wieder auf, da sich die japanische Bevölkerungszahl erheblich verringert.

In Bezug auf die gegenwärtigen Diskussionen über das Humankapital habe ich den Eindruck, dass sie noch mehr als früher von dem Gedanken und der Frage beherrscht werden, wie die Menschen in möglichst effizienter Weise als gesellschaftliches Kapital genutzt werden können. Es zeigt sich sehr deutlich, dass der Ausdruck „Humankapital" immer wieder dann verwendet wird, wenn es im Rahmen von Innovationen in der Wirtschafts- und Industriepolitik um die Realisierung von „Humankapital" im Rahmen eines

---

[1] *zai* bedeutet sowohl „Material" wie auch „Fähigkeit" / „Talent".

anhaltenden Wirtschaftswachstums geht. Dabei ist vor allem daran gedacht, dass durch das Humankapital Innovationen hervorgebracht werden, so dass sogar „Produktionssteigerungen für jeden einzelnen Menschen geplant werden". Im Grunde ist es erstaunlich, dass der Gedanke einer Produktionssteigerung für jeden Einzelnen gerade zu einer Zeit an Gewicht gewinnt, in der doch die moderne Gesellschaft das Augenmerk auf die Gesundheit des Arbeiterkörpers gerichtet hat, der in vergangenen Zeiten auf verschiedene Weise beherrscht und gequält worden ist. Wir erreichen jetzt zunehmend eine Stufe der Entwicklung, in der der gesellschaftliche Apparat, den diese Moderne hervorgebracht hat, mehr und mehr und in radikaler Weise die Fähigkeiten des individuellen Menschen als einen bloß funktionierenden Teil dieses Apparats zu erfassen und zu behandeln versucht.

Das Podium des Symposions war mit fünf Rednern besetzt. Es sprachen der Leiter der Regionalgewerbeverwaltung in Kyoto, zwei Wirtschaftswissenschaftler, ein Naturwissenschaftler und ich als mit Fragen der Bildung befasste Philosophin. Zunächst habe ich ein wenig über das „Humankapital" als deutsches Unwort des Jahres 2004 gesprochen und dabei aus der Sicht der Erziehungsphilosophie deutlich zu machen versucht, dass der Gedanke, den Menschen als Material und Kapital zu verstehen, die Gefahr in sich birgt, lebendige und kreative Seiten im Verständnis von Menschen zu unterdrücken. Für die Fachleute aus den Wirtschaftswissenschaften jedoch sind „Humankapital" und „Menschenmaterial" derart unumstößliche Voraussetzungen ihrer gesamten Argumentation, dass sie es entweder für zu trivial hielten, über diese Konzepte selbst zu sprechen, oder sie es im Laufe der Diskussion mit aller Entschlossenheit zu vermeiden versuchten, in ein Gespräch darüber verwickelt zu werden. Jedenfalls bezogen sich die Diskussionsbeiträge immer weniger aufeinander, so dass es zunehmend langweiliger wurde.

Aus meiner erziehungsphilosophischen Perspektive besteht eine Hauptaufgabe der Erziehung darin, dass bei der Begegnung zwischen Menschen eine wechselseitige Kommunikation entsteht. In Japan herrscht hingegen eine allgemein verbreitete Auffassung von Erziehung dahingehend vor, dass der Lehrer den Schülern Wissen in einem eher äußerlichen Sinne vermittelt. Im Hintergrund dieser Auffassung steht die Vorstellung, dass das Wissen gewissermaßen vom Leib des Menschen abtrennbar ist, so dass es wie ein

Ball dem Schüler zugeworfen werden kann, der es dann auffängt und daraufhin „besitzt". Ich denke demgegenüber, dass Wissen und Können in Erscheinung treten, wenn der Mensch Wissen und Können wie ein „Gewand seiner Persönlichkeit" zu tragen versteht. Denn beide sind keine isolierbaren „Gegenstände", die man wie andere Dinge den Menschen einfach zukommen lässt.

In den Ausbildungsübungen der traditionellen Künste in Japan, die sehr verbreitet waren, wurde der Schüler von seinem Lehrer, aber zugleich auch der Lehrer von seinem Schüler erzogen. Daher war es möglich, dass sich Lehrer und Schüler durch eine Art schicksalhafter Begegnung im Rahmen einer gesuchten und gefundenen Beziehung gegenseitig vervollkommnen konnten. Die besondere Art des Lernens bestand darin, dass der Schüler den Rücken des Lehrers betrachtete und sich dabei das Können des Lehrers aneignete. In dieser Art des Übens verschmolz der Schüler mit seinem Leib mit den Bewegungen des Lehrers, so dass er das in diesen Bewegungen wirksame und besondere Wissen und Können beobachten und nachzuahmen lernte. In dieser Art des Lernens stand der Lehrer seinem Schüler nicht gegenüber und versuchte ihm systematisch und stufenweise die grundlegenden Dinge näher zu bringen, so wie es die Lehrmethoden gegenwärtiger Schulerziehung vorsehen. Der Gedanke, dass Erziehung erst auf der Grundlage einer „gesuchten und gefundenen Beziehung" zustande kommt, spielt bei den Diskussionen über „Humankapital", so wie es heute von Gesellschaft und Staat eingefordert wird, überhaupt keine Rolle mehr. Blickt man genauer auf das Thema des genannten Symposions: „Welches menschliche Material wird im Japan des 21. Jahrhunderts erforderlich sein?", so wird durch diese Ausdrucksweise bereits Einiges deutlich. Indem dort nur die passive Formulierung „erforderlich sein" erscheint, wird zugleich verborgen, „wer" es eigentlich ist, der da etwas „erforderlich sein" lässt bzw. fordert. Welche Form und Art des Denkens hinter einem Wortgebrauch steht, bei dem das Subjekt bewusst nicht genannt wird, dies ist ein wichtiges Thema in der von mir entwickelten *Paedagogica Poietica*, auf die ich bei einer späteren Gelegenheit noch zu sprechen kommen werde.

Am Konzept des Humankapitals stört mich vor allem, wie reduziert darin das Leben der Menschen und der Zusammenhang zwischen Leben und Tod gesehen werden. Betrachtet man den Menschen allein unter dem Gesichtspunkt der Gesundheit und Einsetzbarkeit seines Arbeitskörpers, so werden dadurch viele Menschen ausgeschlossen, die diesen Kriterien nicht entsprechen. Dazu gehören z. B. behinderte und alte Menschen, Kinder, aber auch Hausfrauen, die in den Berechnungen des Arbeitsmarktes sowieso nicht auftauchen. Man kann sich vorstellen, welche Folgen es haben wird, wenn Menschen in einer Gesellschaft lediglich als „Material" bzw. „Kapital" betrachtet werden. Dadurch werden jedem Menschen seine Einmaligkeit und Eigenständigkeit genommen, die es ihm erlauben, auch selbst darüber zu entscheiden, wie er sein Leben und sein Sterben gestalten möchte. Man kann die Frage danach, wie sich Menschen in der ihnen gegebenen Zeit an ihrem Leben erfreuen können, nicht von unserem heutigen Raum- und Zeitverständnis trennen. In diesem sind Zeit und Raum zu uniformen Größen mit berechenbaren Einheiten geworden. In einer solchen Logik von Zeit und Raum, die heute z. B. als Grundlage der Berechnungen von Lebensversicherungen dient, geht die vielschichtige Qualität von Lebenszeit und Lebensraum zunehmend verloren.

Wenn sich Japaner ihren Tod und die Umstände ihres Sterbens vorstellen, hört man häufig den Ausspruch: „Wenn ich sterbe, so möchte ich auf Tatami sterben." „Auf Tatami" bedeutet, dass sie nicht im Krankenhausbett, sondern in der gewohnten und vertrauten Umgebung des eigenen Hauses und auf dem eigenen Futon sterben möchten. Sie wollen nicht unter Anwendung der modernsten ärztlichen Behandlungsmethoden sterben, bei denen man in verschiedene Röhren gesteckt wird und bis zur letzten Sekunde Herzmassagen über sich ergehen lassen muss. Vielmehr wollen sie, umgeben von der Familie und den Verwandten, in aller Ruhe ein- und ausatmen und sich verabschieden. Es ist zwar heute eine Wunschvorstellung, in den eigenen vier Wänden zu sterben, wobei man noch Dankesworte an die Familie richten und sich an den Händen halten kann, als ob man einschliefe. Ein solcher Tod ist aber inzwischen so selten, dass man sich ihn kaum zu erhoffen wagen kann. Man spricht daher von einem solchen Tod als von der „großen Hingeburt" (daiōjō)[2] ins Reine Land des Amida-Buddha.

Ab Mitte der 1970er Jahre begann in Japan die Zahl derjenigen zu sinken, die zu Hause starben. Insbesondere Krebspatienten erwarten zu einem großen Teil im Krankenhaus ihren Tod. In den letzten zehn Jahren haben jedoch die Methoden der Palliativmedizin enorme Fortschritte gemacht, z. B. beim Verabreichen von Morphium im letzten Stadium einer Krebskrankheit. In immer mehr Krankenhäusern gibt es eine Versorgung durch die Hospizbewegung und zudem wächst auch in einigen Gegenden die Zahl von Ärzten, die eine Hospizbehandlung im Hause des Patienten durchführen und für diese Behandlung besonders ausgebildet sind. Denn es kommt nicht oft vor, dass die direkten Angehörigen der Familie oder sonstige Verwandte die Sterbenden bis zuletzt betreuen können. Bisher gibt es kein System, das einen Pflegeurlaub ermöglichen würde. Bei einem solchen System wäre es wohl auch schwierig, die Dauer der tatsächlich benötigten Pflege und die durch das Pflegesystem zugestandene Zeit in Übereinstimmung zu bringen. Die Anzahl der Menschen, die einen Sterbenden zu Hause pflegen und begleiten könnten, ist sicher beschränkt, da die jeweilige Situation in der Familie es aus verschiedenen Gründen nicht zulässt. Entweder ist der Partner, der die Pflege übernehmen soll, selbst

---

2 Der gewöhnliche Ausdruck ist einfach ōjō. Der Zusatz von „groß", dai, zeigt die höhere Form des „Erwachens" im buddhistischen Sinne an.

bereits sehr alt, oder die Eheleute arbeiten beide, oder es gilt ein Kleinkind zu versorgen und zu erziehen. Es ist sicher sehr wichtig, die Krankenpflege im Sinne einer Grundversorgung als öffentliche Aufgabe des Staates zu verstehen. Ich habe aber meine Zweifel daran, ob diese Aufgabe gänzlich den öffentlichen Institutionen übertragen werden kann. Mit dieser Auffassung bin ich sicherlich nicht allein. Eine Auffassung von Staat und Gesellschaft, nach der der Sinn des Gesellschaftssystems auf Verwaltung und Planung reduziert wird, ist kritisch zu sehen. Daher dürfen Menschen im Bereich der Krankenpflege auch nicht lediglich als „Berechnungseinheiten" vorkommen.

Am Anfang des heutigen Briefes schrieb ich über das Herz, das auf etwas „wartet"; ich denke, wir Menschen sind alle auf unser eigenes Lebensende „wartende" Wesen.

Orte des Todes und der Erinnerung

Was Sie über die in Japan verbreitete Auffassung vom Menschen als Teil des Humankapitals schreiben, entspricht auch der Situation in Deutschland. Eine seit der Mitte des letzten Jahrhunderts in das Bildungswesen eingeführte Sichtweise, die zunächst nur im Zusammenhang mit Fragen der Bildungsplanung und Bildungsentwicklung stand, hat seitdem zahlreiche gravierende und zum Teil ungewollte Nebenwirkungen hervorgebracht. Immer häufiger werden Menschen als Objekte angesehen und entsprechend behandelt. Es wird davon abgesehen, dass Menschen Subjekte sind, die im Unterschied zur Welt der Gegenstände und Dinge „ich" und „Du" sagen können und die das Gegenstandsbewusstsein überwinden können, das Max Scheler am Anfang des 20. Jahrhunderts als eine Besonderheit des Menschen begriff. Am Beispiel des Lehrer-Schüler-Verhältnisses haben Sie es verdeutlicht. Bedeutungsvolle menschliche Beziehungen werden gemeinsam entwickelt und sind dadurch spontan, lebendig und bereichernd. Adorno hat darauf aufmerksam gemacht, dass das gegenwärtige Wirtschaftssystem dazu führt, dass die Menschen auch ihre Verhältnisse nach dem Modell von Wirtschafts- und Warenbeziehungen gestalten und dabei dem Zwang der Verdinglichung erliegen. Ökonomisierung und Beschleunigung werden zu Grundbedingungen des Lebens; die Ökonomie der Zeit ist zum bestimmenden Merkmal unserer Epoche geworden. Mit Hilfe der Zeitökonomie wird Leben organisiert, vermessen und als Kapital begriffen, das angesammelt und vermehrt wird und schließlich im Alter verbraucht ist. Leben wird zu Überleben. Die verbleibende Lebenszeit wird vermessen. Wir warten, wie Sie schreiben, auf den Tod, angesichts dessen uns klar wird, dass wir unser Lebenskapital endgültig verbraucht haben.

Die meisten Menschen bewerten das Leben nach seiner Länge. Sie begreifen es nach dem Modell des Kapitals, das akkumuliert wird, und für dessen Wert bekannte und verlässliche Zeichen zur Hand sind. Versuchen wir andere Vorstellungen vom Leben zu entwickeln, haben wir größte Mühen, dem Zwang der kalkulatorischen Haltung zu entkommen, die uns seit frühester Kindheit so nachhaltig eingeschrieben wurde. Versuche, *Leben als Verausga-*

bung, als Überfluss und Freiheit von Geben und Nehmen zu begreifen, faszinieren, doch gelingt es ihnen kaum, sich gegenüber
dem ökonomischen Kalkül durchzusetzen. Selbst Meister Eckarts
Hinweis, man lebe nur, wenn man schon gestorben sei, also den
Tod im Leben erfahren haben, überzeugt zwar viele, doch hilft er
bei der Veränderung unserer Einstellungen zum Leben nur wenig.
Nur wenigen gelingt es, Leben und Sterben nicht als Gegensätze,
sondern als die beiden Seiten eines Prozesses zu begreifen. Die
Mystiker haben Recht: Leben lernen heißt Sterben lernen, und
Sterben lernen heißt Leben lernen. Doch wie können wir nach dieser Einsicht leben, wenn in unserer Gesellschaft alles darauf ausge-
richtet ist, uns diese Zusammenhänge vergessen zu lassen? Die
Verdinglichung und Kapitalisierung des Lebens, der zeitökonomi-
sche Umgang und die Beschleunigung des Lebens sind fatale Stra-
tegien, denen kaum ein Mensch entkommt.

Wie können wir das *Wuwei*, das Nicht-Anhangen und Nicht-
Handeln, lernen, wenn wir von früher Kindheit an erfahren, wie
sehr alle Menschen es schätzen, handelnd auf die Dinge einzuwir-
ken und sie in Fülle zu besitzen? Anstrengung, Engagement und
Produktivität, Gewinn, Erfolg und Anerkennung sind die Ziele des
Lebens. Auch wenn Konfuzius das andere Wissen unübertroffen in
folgende Worte fasst: „Der Mensch lebt einmal – nimmer kehrt er
wieder, sein Dasein ist ein Lufthauch, der zerfließt. Die Summe
seines Lebens ist ein armer, verfallener Hügel, darauf Unkraut
sprießt." Wir begreifen es nicht und schützen uns dadurch vor der
Leere, die uns bedroht.

In meinem ersten Brief hatte ich Ihnen, liebe Frau Suzuki, vom
Sterben und Tod meiner Eltern erzählt. Ihnen war es zwar nicht
vergönnt, auf dem eigenen „Tatami" zu sterben; doch sie konnten
von ihren Söhnen begleitet aus dieser Welt gehen und einen Tod
der Hingeburt (*daiôjô*) erleben. Im Falle meiner Eltern war das
Sterben zu einer sehr persönlichen Angelegenheit geworden, an der
sie nur mich und meinen Bruder teilnehmen ließen. Mein Vater
wartete, bis ich aus Frankreich zurückkehren konnte; meine Mutter
verstarb in der Nacht, in der ich bei ihr verweilte. Wenigen Eltern
und Kindern ist diese letzte Gemeinsamkeit vergönnt. In der Regel
wird die Sorge für die Sterbenden den Institutionen und professionellen Helfern überlassen. Viele Angehörige erwarten, dass die
Sterbenden ihnen nicht zur Last fallen. Andere wiederum möchten
mehr Zeit für ihre sterbenden Familienmitglieder haben. Für diese

fordern Sie zu Recht bessere Möglichkeiten, sich wenigstens teilweise aus der Berufswelt herausziehen zu können, um die Sterbenden in ihrer letzten Lebensphase zu begleiten. Bei der Geburt, bei der den Müttern und neuerdings auch den Vätern eine „Auszeit" zugestanden wird, in der sie sich um ihre auf die Welt kommenden Kinder kümmern können, bestehen diese Möglichkeiten bereits seit Jahren. Kaum aber regeln Rituale die Sterbebegleitung durch die Angehörigen. Die sozialen Praktiken und rituellen Arrangements der Sterbebegleitung sind an die Krankenhäuser und die professionellen Helfer gebunden. Hier wird erwartet, dass die Sterbenden in ihr Sterben einwilligen und „mitspielen". Undenkbar ist ein Sterbender, der wie der Großvater in Rilkes *Aufzeichnungen des Malte Laurids Brigge* nicht sterben will und der tagelang dies dem Tod entgegen brüllt und damit seine Familie in Angst und Schrecken versetzt. Man stirbt nicht mehr auf dem Totenbett im Kreis seiner Familie. Aus seiner Lebenswelt herausgerissen, stirbt der moderne Mensch so allein, wie er gelebt hat.

Ich hatte Ihnen von den heute in Deutschland praktizierten Ritualen der Bestattung erzählt. Diese Rituale sind sehr persönlich geworden und bieten ein weites Spektrum an Inszenierungen und Arrangements. Menschen können zwischen vielen Formen der Bestattung wählen. In Deutschland ist die christliche Tradition der Beerdigung am weitesten verbreitet. Immer mehr Menschen wählen heute die Feuerbestattung oder sogar die anonyme Bestattung auf dem Meer, bei der den Angehörigen, so die Verstorbenen sie haben, kein Ort der Erinnerung bleibt. Das Spektrum der Riten ist groß. In den evangelischen Trauergottesdienst mit anschließender Beerdigung oder Verbrennung werden heute häufig persönliche Elemente wie Reden von Freunden, Lesungen literarischer Texte, Musikstücke und Lieder eingeschlossen. Wegen der wachsenden Zahl der Kirchenaustritte nimmt auch die Zahl der Bestattungen zu, die von professionellen „Rednern" vollzogen wird, denen es allerdings häufig nicht gelingt, ein neues überzeugendes Ritual zu schaffen, die daher für ihre Inszenierung und Aufführung oft auf strukturelle Elemente aus christlichen Ritualen zurückgreifen. An die Stelle eines für Bestattungen verbindlichen religiösen Rituals sind heute viele rituelle Varianten getreten, die keine allgemeine, sondern nur noch eine gruppenspezifische Verbindlichkeit haben. Damit wird auch bei den Bestattungsritualen die Ausdifferenzierung moderner Gesellschaften sichtbar. Allen Formen ist jedoch gemeinsam, dass sie eine rituelle Struktur haben, ohne die – so unterschiedlich ihre Ausprägungen sein mögen – sich der Anfang und das Ende des Lebens als soziales Ereignis nicht gestalten lassen. In diese Rituale spielen jahrhundertealte kulturelle Inszenierungs- und Aufführungspraktiken hinein, mit denen das Verlassen dieser Welt gestaltet wird, auch wenn die meisten Menschen skeptisch geworden sind und ihnen der Glaube an einen *Übergang* in eine andere Welt fehlt.

Will man sich vergegenwärtigen, wie sich diese Um- und Neugestaltung der Bestattungsrituale vollzog, so gibt es dafür keinen besseren Ort als Wien, wo ich Ihren zweiten Brief während meines Aufenthalts am „Internationalen Forschungszentrum Kulturwissenschaften" erhielt. In Wien kann man sich in der Kapuzinergruft, dem Bestattungsmuseum und auf dem Zentralfriedhof ein Bild davon machen, wie sich der Umgang mit Sterben und Tod im Laufe der Jahrhunderte verändert hat. Die meisten der seit dem frühen 17. Jahrhundert in der Kapuzinergruft bestatteten Habsburger wurden einbalsamiert; ihre Eingeweide wurden in kupfernen Urnen in der Herzogsgruft im Dom zu Sankt Stephan, ihre Herzen in silbernen Bechern in der Herzlgruft von St. Augustin aufbewahrt.

Schädel mit Reichskrone auf dem Sarkophag Kaiser Karls VI.

Ludwig van Beethoven   Johannes Brahms

In der auch Kaisergruft genannten Kapuzinergruft wurden 146 Personen, darunter zwölf Kaiser und Kaiserinnen und Königinnen bestattet. Die Toten liegen in mit Samt überzogenen und mit Metallbeschlägen verzierten Holzsärgen, die in Prunksarkophage eingebettet wurden. Jahrhundertelang erfolgte die Begräbniszeremonie dadurch, dass der Leichenzug von der Hofburg kommend nach der Aufbahrung in der Hofburgkapelle bzw. im Stephansdom zum Kirchentor des Kapuzinerklosters zog, an dem der Kustos der Kaisergruft mit den Brüdern den Trauerzug empfing und in die schwarz ausgeschlagene Kirche geleitete. Noch immer wird den Besuchern hier von der „Einlasszeremonie" erzählt. Sobald der Trauerzug vor der verschlossenen Tür zur Gruft hielt und der Herold durch Klopfzeichen Einlass begehrte, fragte einer der Brüder von drinnen: „Wer begehrt Einlass?" Als der Herold den Verstorbenen mit allen seinen Titeln und Ehrenbezeichnungen genannt hatte, kam von drinnen die Antwort „Kenne ich nicht". Darauf klopfte der Herold noch einmal an. Und wieder wurde von innen gefragt: „Wer begehrt Einlass". Diesmal nennt der Herold die Kurzfassung des Titels. Und wieder wurde von drinnen geantwortet: „Wir kennen ihn nicht". Schließlich klopfte der Herold ein drittes Mal, wieder wurde dieselbe Frage gestellt. Doch diesmal rief der Herold lediglich den Namen des Verstorbenen und fügte hinzu: „Ein sterblicher, sündiger Mensch." Daraufhin wurde das Tor geöffnet.

Arnold Schönberg

Aus vielen Berichten ist bekannt, dass diese Trauerzeremonien der Kaiser und ihrer Familien, deren letzte 1989 stattfand, als Zita von Bourbon-Parma, die Frau Karls I., bestattet wurde, ein öffentliches Spektakel waren, dem Zehntausende beiwohnten und bei dessen Inszenierung sich das Kaisertum in seiner Vergänglichkeit und Kontinuität darstellte. Etwas von dieser Tradition lebt noch heute in den Zeremonien der Staatsbegräbnisse und in den Ehrengräbern der österreichischen Bundespräsidenten auf dem Zentralfriedhof fort, auf dem neben den Repräsentanten des Staates auch die bedeutendsten Vertreter von Kultur und Wissenschaft begraben werden. In Paris ist diesen das Pantheon vorbehalten; in Wien auf dem Zentralfriedhof sind es vor allem die Ehrengräber der großen Musiker, Schriftsteller und Künstler, die die Besucher in großer Zahl anziehen. Zu den hier geehrten Musikern gehören: Ludwig von Beethoven, Johannes Brahms, Christoph Willibald Gluck, Wolfgang Amadeus Mozart (Denkmal), Antonio Salieri, Arnold Schönberg, Franz Schubert, Johannes Strauß (Vater), Johannes Strauß (Sohn), Franz Suppé, Hugo Wolf.

Der in der Mitte des 19. Jahrhunderts angelegte Zentralfriedhof ist eine einmalige Nekropole. Auf dem anfangs außerhalb Wiens gelegen und wegen seiner Entfernung zur Stadt ungeliebten Zentralfriedhof sind im Laufe der Jahre annähernd 3 Millionen Menschen bestattet worden. Im Zentrum dieser Totenstadt liegt die von Max Hegele 1910 erbaute Karl-Borromäus-Kirche, die zu den bedeutendsten Jugendstilbauten Europas gehört. Der Zentralkuppelbau hat drei mächtige Säulenportale mit großen Freitreppen und wird von vier Ecktürmen flankiert, von denen die beiden hinteren als Uhren- und Glockentürme dienen. Auf ihren Uhren wird der Gang der Zeit statt durch Ziffern durch Buchstaben angegeben, die die Worte „Tempus fugit" (die Zeit flieht) ausmachen und gleichsam das Motto dieser Nekropole angeben.

44

Diese Nekropole hat Abteilungen für die verschiedenen Konfessionen und Religionen, in denen die Bestattung nach unterschiedlichen Ritualen stattfindet. Diese vollzieht sich auf dem jüdischen, dem orthodoxen (russischen, griechischen, rumänischen etc.), dem evangelischen, dem islamischen sowie dem buddhistischen Friedhof, die den größten, nicht religiös gebundenen Friedhofsteil ergänzen.

An einer anderen Stelle des Friedhofs wurde mit dem „Park der Ruhe und Kraft" der Versuch gemacht, unter Rückgriff auf mehrere kulturelle Traditionen einen Ort zu schaffen, der sich auch für

nicht religiös gebundene Menschen zur Meditation über Leben und Tod eignet. Ich betrete diesen Park durch ein japanisches *torii*, überschreite eine Schwelle und bin an einem anderen Raum, dessen sakralen Charakter ich sofort spüre. Vor mir erstreckt sich ein Park mit Bäumen, Blumen und Steinen. Auf der linken Seite ragt ein Menhir, ein aufrecht stehender Felsen, in die Höhe, der mich an meine Wanderungen in der Bretagne erinnert. In der Jungsteinzeit wurden diese Menhire möglicherweise als Symbole des Männlichen an Kultorten errichtet; seit meiner ersten Begegnung mit ihnen haben sie mich fasziniert. Damals stand ich auf den Alleen der Menhire, beeindruckt von ihrer Unergründlichkeit und Rätselhaftigkeit.

Nicht weit zu meiner Rechten der „Kathedrale" genannte, von fünf Bäumen gebildete und nach Osten ausgerichtete neue Raum. Als ich den Eingang durchschreite, gelange ich an einem Maulbeerbaum und einem Ahorn vorbei zu den Granitsteinen im Zentrum der Kathedralenachse. Wo sie mit dem Querschiff zusammentrifft, entsteht eine Vierung; auf dem Boden sehe ich die Formen eines Labyrinths, wie ich es aus der Kathedrale in Chartres kenne. Vor mir an der Schwelle zur Apsis ein großer Stein, der an einen Altar erinnert.

Der Weg führt weiter zu einem Quadrat, das durch vier Bäume gebildet wird, zu dem das Wasser eines Brunnens durch drei herzförmige Schalen fließt.

Einige Schritte weiter liegt auf der rechten Seite ein von Menhiren gebildeter Steinkreis mit einem Baum in der Mitte, der ein Ort der Zentrierung, der Sammlung und Meditation ist. Auf der linken Seite liegt in etwa gleichem Abstand zum Quadrat ein Feuerplatz in Form eines Dreiecks. Auf einem großen Kalkstein befindet sich dort eine metallene Pyramide, deren Form das Element des Feuers symbolisiert, in dem Altes vergeht und Neues entsteht. Auf dem Weg zum Ausgang des Parks gelange ich zu einem gegabelten Baum und zu einer Doppelaxt aus weißem Marmor, seit alters her ein Symbol für Autorität und Weisheit. Hier werden Entscheidun-

47

gen angemahnt. Ich verlasse den Park abermals durch ein *torii*. Eigenartig berührt denke ich an den Satz des Meander: „Es lebt nur, der lebend sich am Leben freut."

Am nächsten Tag habe ich eine Verabredung im Bestattungsmuseum Wien. Das Museum gehört zur „Bestattung Wien", einer Institution, die mit mehr als vierhundert Mitarbeitern bis vor wenigen Jahren das Monopol für alle Bestattungen in der Stadt hatte. Hier wird mir bedeutet, dass es in Wien, der Hauptstadt des untergegangenen Deutschen Kaiserreiches und der seit dem Ersten Weltkrieg nicht mehr existierenden Österreichisch-Ungarischen Monarchie, ein besonderes Verhältnis zum Tode gibt. Man weist mich auf die Redensart von der „schönen Leich" hin, die noch immer für viele alteingesessene Wiener eine Aufforderung für die Inszenierung und

Ausstattung von Bestattungen darstellt, der sie gerecht werden wollen. In einer Veröffentlichung des Wiener Touristenbüros heißt es: „Wien und der Tod: Das ist eine ewige Liebe. Ein besonderes Verhältnis zwischen sentimental-melancholischer Koketterie und nahezu inniger Intimität. Beim Heurigen wird vom Wein gesungen, der sein wird, wenn man nimmer sein wird. Eine ‚schöne Leich‘, wie man ein repräsentatives Begräbnis mit großer Trauergemeinde nennt, gibt immer noch Anlass zum Schwärmen [...] Die Todessehnsucht hat in Wien Heimatrecht. Beim Heurigen kippt die sprichwörtliche Wiener Gemütlichkeit gern in eine abgrundtiefe Tod-Traurigkeit" (Hanne Egghardt). In einem berühmten Lied Georg Kreislers heißt es dazu: „Der Tod, das muss ein Wiener sein".

In dem Museum werde ich von einem kundigen Führer durch die Räume geführt. Zu sehen bekomme ich viele Eigenarten aus der reichen Wiener Tradition des Umgangs mit dem Tod. Zu diesen gehören: ein prächtiger Türschmuck aus schwarzem Samt; wertvolle Decken zur Bedeckung des Sargs, die den Genossenschaften gehören und an deren Mitglieder verliehen wurden; die Kopie eines Josephinischen „Kapp-Sargs", dessen Boden sich öffnen ließ, um den Leichnam ins Grab fallen zu lassen; eine komplizierte Anlage, mit deren Hilfe sich der Begrabene im Falle des Scheintods durch das Läuten einer Glocke bemerkbar machen konnte, aus dem 19. Jahrhundert, als die Furcht vor dem Scheintod eine Obsession vieler Menschen war; ein Messer für den Herzstich, durch den man auf jeden Fall vermeiden wollte, im Grab wieder aufzuwachen; prächtige Sarkophage und schmucke Urnen; Bilder und Miniaturnachbildungen von prächtigen Kutschen und Begräbnisprozessionen, die Kindern als Spielzeug dienten. Bewahrt und ausgestellt wird im Museum, was verschwunden ist oder vom Verschwinden bedroht ist. In der überwiegenden Zahl sind es Requisiten, die zur Inszenierung der „schönen Leich" dienten, einer Leitvorstellung vom Verstorbenen und vom Begräbnis, die selbst in Wien heute kaum noch Anhänger hat. Wie die meisten Museen gibt das Bestattungsmuseum Einblick in eine vergangene Welt, deren Faszination erloschen ist und die nur noch im kollektiven Imaginären Wiens eine Rolle spielt.

Wem gehört das menschliche Leben?

Der Wiener Zentralfriedhof, auf dem die auch in Japan bekannten Kaiser und Kaiserinnen, Künstler und viele andere berühmte Menschen ihre letzte Ruhe gefunden haben, steigt in mir als ein „Ort" mit stattlichen Gräbern auf, die uns Heutige an viele Menschen der Vergangenheit erinnern. Sie leben und atmen mit uns und verweisen auf eine mit den Toten gelebte Vergangenheit und Zukunft. Gräber für die Verstorbenen zu errichten, der Gang der Familien zu den Gräbern und die Rituale der Bestattung und Trauerzeit, einmal zu Brauch und Gewohnheit geworden, tragen und nähren die inneren Zusammenhänge einer Kultur. In diesem Sinne ist Wien sicherlich die Stadt der Trauer und der Bestattungen. Eigentlich sind kultur- und geschichtsträchtige Orte überall Orte der Trauer und des „Begräbnisses", die uns Hinweise auf unsere eigene Herkunft und auf unsere Zukunft geben. Indem wir einen „Ort" für Begräbnis und Trauer auswählen, können wir vielleicht gerade dadurch und dort auch etwas über unsere eigene Situation in dieser Welt erfahren. Dem Tode nahestehender Menschen zu begegnen, gibt Gelegenheit, den „Ort" zu spüren, an dem ihr alltäglicher Lebensraum verborgene Hinweise über ihre Herkunft und Zukunft gibt.

Schon seit einigen Jahren verfolge ich den Plan, die Werke Alexander Kluges ins Japanische zu übersetzen und zu publizieren. So habe ich ihn vor zwei Jahren zum Herbstbeginn in München in seinem Büro aufgesucht, um ihn zu interviewen und zugleich von meinen Übersetzungs- und Publikationsplänen zu berichten. Nach unserem Gespräch äußerte er den Wunsch, seinerseits ein Interview über die von mir so genannte „Poietik von Leben und Tod" zu führen, so dass ich plötzlich und unerwartet vor einer Videokamera saß und interviewt wurde. Da es ganz überraschend zu diesem Interview kam und ich ohne jede Vorbereitung war, habe ich zunächst – soweit ich mich jetzt erinnern kann – über die folgenden vier Punkte gesprochen: Erstens habe ich von meiner vor etwa zehn Jahren entwickelten „paedagogica poietica" berichtet. Zweitens habe ich als ein Merkmal dieser Poietik herausgestellt, dass Menschen durch die Art ihres Sprechens ihre Haltung gegenüber dem eigenen Leben lenken können, das sich dadurch auch verändern lässt. Drittens habe ich ausgeführt, dass die Aufgabe der *paedagogica poetica* darin besteht, diese Formen des Sprechens zu erforschen, die dem Menschen helfen können, seinen „Ort" zu finden. Viertens habe ich deutlich gemacht, dass die *paedagogica poetica* auch als eine „Poietik von Leben und Tod" bezeichnet werden kann.

Nachdem ich meine Punkte dargelegt hatte, sagte Herr Kluge zu mir, indem er auf den Tod seiner eigenen Mutter zu sprechen kam: „Frau Suzuki, was meinen Sie, wohin gehen die Verstorbenen? Die Religionen sprechen von verschiedenen Möglichkeiten. Wenn man die leiblichen Eltern verliert, so sind der dadurch verursachte Kummer und das Leid nicht zu heilen. Ich habe verstanden, dass Sie mit Ihrer *paedagogica poetica* erforschen, wie über Leben und Tod gesprochen wird und welche besonderen Wege und Möglichkeiten es dafür geben kann. Können Sie mir vielleicht sagen, wo meine verstorbene Mutter jetzt ist und wie ich sie jetzt in meinem Herzen ansprechen könnte?" Seine Fragen führten direkt ins Zentrum meiner Arbeit. Zugleich hatte ich den Eindruck, dass diese Fragen im Hintergrund einer Reihe seiner Arbeiten lagen, die durch das Werk *Die Lücke, die der Teufel lässt* repräsentiert werden, in dem im Detail eines geschichtlichen Ereignisses eine sich ausdehnende Kraft gefunden wird, die den Menschen übersteigt und die von ihm nicht kontrolliert werden kann. Ich hatte das Gefühl, dass diese Fragen ihn durchdringen und zur Grundlage seiner Arbeit gehören. Ohne weiter zu überlegen, habe ich Folgendes geantwortet: „Natürlich ist es möglich zu sagen, Ihre Mutter ist im Himmel oder in jener anderen Welt, am jenseitigen Ufer (*higan*). Aber ich möchte Ihnen sagen, welche Worte für mich passten, als ich selbst beide Eltern verlor und mich noch in der Zeit der Trauer befand. Sie sind an einem Ort, den ich Himmel, jenseitiges Ufer oder jene Welt genannt habe. Gewöhnlich stellt man sich diesen Ort als einen weit entfernten vor; aber ich glaube, dass er hier, wo wir in dieser Weise miteinander sprechen, ganz nah ist, auch wenn er sich vermutlich auch jetzt nicht direkt berühren lässt. Man kann sagen, dass dieser ‚Ort' in Ihnen liegt und Ihre Mutter dort hingegangen ist, und Sie haben sie sicher dort schon getroffen." Während wir auf diese Weise miteinander sprachen, ohne dass die Kamera, die während des Interviews weiterlief, eine Rolle spielte, konnte ich, ohne es zu bemerken, das Fließen der Tränen nicht mehr aufhalten, was mich sehr betroffen machte. Ich neige zu Tränen und gehöre zu den Menschen, die auch während eines Kinofilms des Öfteren weinen. Ich dachte, dass

Deutsche und vor allem Männer nicht vor anderen weinen. Als Alexander Kluge von seiner Mutter sprach und dabei feuchte Augen bekam, konnte ich nicht umhin, einfach zu weinen.

Ich bin nicht sicher, ob ich das von mir Gemeinte auf Deutsch gut genug ausdrücken konnte, aber ich denke, es ist gerade jener „Ort", den ich nur in einer widersprüchlichen Redeweise als fernen und zugleich nahen sowie als nahen und zugleich fernen Ort ansprechen kann, der der Ursprung ist, aus dem wir kommen und gleichzeitig der „Ort", zu dem wir zurückkehren.

Dieser Ort lässt sich nicht wie andere Dinge eindeutig definieren, über die man sich schnell einig ist. Dennoch wohnt der Sprache eine Kraft inne, die sogar eine Art Tastempfindung hervorrufen kann, welche uns denken lässt, ja, genau hier „gibt es" diesen Ort. Indem ich nach diesen Verfahren in der Sprache suche, glaube ich auch das Verfahren bzw. die Kunst (*ars*) des Lebens, nein, eigentlich die von Leben und Tod zu erforschen; denn Leben und Tod sind letztlich nicht voneinander zu trennen.

In Bezug auf den Gedanken des „Ortes" als dem Schlüsselbegriff meiner Poietik verdanke ich vieles der Logik des Ortes von Kitarō Nishida, dem Begründer der Philosophie der Kyōto-Schule. Nishida war besonders von der deutschen Philosophie beeinflusst, während er die europäische Philosophie seit der griechischen Antike rezipierte und zugleich im östlichen Denken des Zen-Buddhismus seinen Ausgangspunkt hatte. All dies spiegelt sich wider in seinem letzten Werk, *Logik des Ortes und religiöse Weltanschauung*.[1] Immer wieder schrieb Nishida, man könne sagen: „Gott ist in dieser Welt, wobei er nirgends ist und zugleich an jedem Ort."

Nishida zufolge kann man den Buddhismus als panentheistisch bezeichnen. In Theismus und Deismus werde Gott als ein transzendentes Wesen gedacht, im Buddhismus hingegen als immanent, und genau in diesem Punkt stimme der Buddhismus mit dem Pantheismus überein. Wenn jedoch im Pantheismus gedacht werde, dass Gott alles und in allen Dingen sei, so entspricht das nicht ganz dem buddhistischen Denken. In dem Sinne aber, dass alles in Gott existiere und alles von Gott umfasst werde, könne der Buddhismus panentheistisch genannt werden. Dieser Gedanke würde genau die

---

1 Vgl. für eine Übersetzung dieses Textes: Kitarō Nishida: Logik des Ortes. Der Anfang der modernen Philosophie in Japan, hg., übers. u. eingel. v. Rolf Elberfeld. Wissenschaftliche Buchgesellschaft: Darmstadt 1999.

Logik des „*sokuhi*" – diesen Ausdruck übernimmt Nishida in frucht-
barer Weise von seinem Freund Suzuki Daisetsu – im Diamant-
Sutra zum Ausdruck bringen, wo es heißt: „Weil es nicht die Buddhas sind, sind es die Buddhas; weil es nicht die vielen Lebewesen
sind, sind es die Lebewesen." Im gewöhnlichen Verständnis scheint
dies ein widersprüchlicher Ausdruck oder eine ungereimte Redeweise zu sein. Aber gerade mittels dieser Logik scheint mir eine
Möglichkeit vorzuliegen, auf etwas zu „verweisen", das sich nicht
an der Oberfläche zeigt und von dem man nicht einfach sagen kann,
ja, „eben dies" ist es.

Es gibt noch ein weiteres Wort, das von Suzuki und auch von
Nishida immer wieder zitiert wird. Es lautet: „Unzählige Äonen
voneinander entfernt, aber nicht einen Spalt voneinander getrennt;
unendlich viele Tage stehen einander gegenüber, aber sie sind nicht
einen Augenblick geschieden." Dieses Wort wird in den „Annalen
des Daitoku-Tempels" in Kyōto überliefert. Man ist sich darüber
einig, dass es von dem großen Meister Daitō stammt. An wen er es
jedoch gerichtet hat, ob an den späteren Kaiser Daigō oder an den
bereits in den Ruhestand getretenen Kaiser Hanazōnō, darüber gibt
es unterschiedliche Auffassungen. Wäre es Kaiser Hanazōnō gewesen, dann würde das Wort aus dem Jahre 1335 stammen. Wie auch
immer, Nishida denkt den Ort, an dem Gott oder Buddha sind, als
einen durchaus transzendenten und zugleich durchaus immanenten
Ort. Während ich mich jetzt an dieses Wort erinnert habe, denke ich,
dass es nicht nur Gott oder Buddha betrifft, sondern auch den
verstorbenen und nahestehenden Menschen, der in gleicher Weise
vom Gefühl her unzählige Äonen und somit unendlich weit entfernt
ist und sich zugleich tatsächlich an einem Ort befindet, der nicht einen Spalt breit von irgendeinem Teil meiner innersten Existenz entfernt ist, an einem Ort, der mir in höchster Weise innerlich ist.
Durch diesen Ort werde ich mir im Grunde selbst gezeigt. Der Aufenthalt am jenseitigen Ufer, das ist genau wie der Ort jenseits der
Berge oder des Meeres, wo die Sonne langsam nach und nach
untergeht. Dieser Ort lässt sich zwar nicht genau bestimmen, aber
er bringt ein Empfinden mit sich, es handle sich um einen irgendwie bestimmten „Ort", der sich auf der anderen Seite weitet. Die
Menschen jedoch streifen umher und suchen diesen äußerst entfernten und zugleich äußerst nahen „Ort".

Gegenwärtig ist ein guter Freund dabei, nach und nach die Shikoku-Wallfahrt zu absolvieren. Die Insel Shikoku besteht aus vier
Regionen: Kanagawa, Aichi, Tokushima und Kōchi, wodurch sich
der Name dieser Insel, „vier Länder" (Shi-koku), ergibt. Auf dieser
Insel gibt es die so genannte Shikoku-Wallfahrt, bei der man in
einer bestimmten Reihenfolge zu 88 Tempeln pilgert. Für die Pilgerreise legt man weiße Kleidung an, trägt einen Stab mit kleinen
Glöckchen und pilgert so zu den Tempeln, dem Ort der Seelen.
Menschen aus den verschiedensten sozialen Milieus, die einen
nahestehenden Menschen verloren haben oder deren Tage in diesem Leben gezählt sind, wandern von Tempel zu Tempel, um ihre
Gebete zu verrichten und Anliegen vorzubringen oder für die eigene Befreiung zu beten.

Es gibt verschiedene Theorien, wie diese Wallfahrt entstanden
sein soll. Zum einen stammt der Begründer der japanischen Shin-
gon-Schule des Buddhismus, Kūkai, aus Shikoku, so dass die Wallfahrt, da alle 88 Tempel dieser Schule des Buddhismus angehören,

aus einer sehr alten Reisetätigkeit zu Ehren Kūkais entstanden sein könnte. Eine andere Vermutung lautet, die Wallfahrt sei in späterer Zeit aus den Reisen entstanden, die die in den Bergen lebenden Mönche als religiöse Übungen durchführten.

Man sagt, dass sich die Anzahl der 88 Orte, die man Seelen-Orte nannte, ungefähr im 17. Jahrhundert, in der zweiten Hälfte der Edo-Zeit, herauskristallisiert hat und dass seit dieser Zeit auch breitere Bevölkerungsschichten die Wallfahrt unternehmen. So gab es diejenigen, die für die Heilung ihrer Krankheit beteten, und die, die in tiefer Trauer über den Verlust eines nahen Angehörigen umherwanderten, sowie auch solche, die ohne ein Zuhause umherschweiften. Bei verschiedenen Wallfahrten kam es vor – so wird erzählt –, dass Teilnehmer auf dem Weg starben und von den Menschen des Dorfes als „namenlose Buddhas" begraben wurden. Früher legte man den Weg zu Fuß zurück, heute gibt es Gruppenwallfahrten mit dem Bus oder dem eigenen Auto. Wenn man die Reihenfolge der Tempel auf der Wallfahrt einhält, so ist es für diejenigen, die sich nicht mehrere Wochen Urlaub auf einmal nehmen können, durchaus erlaubt, jedes Wochenende nach Shikoku zu fahren, eine gewisse Anzahl der Tempel zu besuchen und auf diese Weise die Wallfahrt auf mehrere Monate zu verteilen.

Mein Freund erzählte mir, dass einige Tage, nachdem er die Entscheidung getroffen hatte, die Shikoku-Wallfahrt zu unternehmen, sein Vater einen Schwächeanfall erlitt. Dieser Freund hat ein Geschäft für Soba-Nudeln, und er stellt sie auch selbst her. Seit er vor fünf Jahren selbständig wurde und ein eigenes Geschäft betrieb, war er durchgehend sehr beschäftigt und hatte plötzlich das deutliche Gefühl, Zeit zu brauchen, um über sich selbst, seine Gegenwart und seine Zukunft nachzudenken. Bereits den nächsten freien Tag, an dem das Geschäft geschlossen war, nutzte er für eine Fahrt nach Shikoku, um die beiden ersten „Seelenorte" zu besuchen. Gerade an dem Abend, als er nach Hause zurückkehrte, erfuhr er vom Schwächeanfall seines Vaters. Sein Vater, der mit ihm zusammen lebte und trotz seines Alters von 88 Jahren sehr gesund war, meisterte eigentlich die für ihn wichtigen alltäglichen Verrichtungen noch sehr gut. Es war daher wirklich sehr überraschend, dass er gerade an dem Tag, an dem mein Freund vom ersten Teil seiner Wallfahrt aus Shikoku zurückkehrte, einen Schwächeanfall erlitt. Alle unterstützenden Maßnahmen blieben erfolglos, so dass der Vater drei Tage später seinen letzten Atemzug tat. Daraufhin verwickelte sich mein Freund in allerlei Selbstvorwürfe und fragte sich, warum er so plötzlich nach Shikoku zur Wallfahrt gehen wollte und warum er an dem Tag, als sein Vater den Schwächeanfall erlitt, nicht bei ihm in seiner Nähe war. In Japan ist ein Alter von 88 Jahren etwas Besonderes. Es gilt als ein Alter, in dem man die Länge des Lebens feiern kann. Ohne langes Leiden im Alter von 88 Jahren und noch dazu unter der fürsorglichen Pflege seines Sohnes zu sterben – da würde wohl jeder sagen, dass dies in gewissem Sinne ein „großes Hinaufsterben" sei und eine wirklich gute Weise zu sterben.

Kurz bevor der Vater seinen letzten Atemzug tat, sagte er zu seinem Sohn einige Worte, die er bis dahin noch nie in den Mund genommen hatte: „Da Du es bist, geht sicher alles in Ordnung. Ich kann ganz beruhigt sein." Mein Freund hat nicht verstanden, ob der Vater die Worte in Bezug auf seinen Beruf als Hersteller von Soba-Nudeln oder auf seine Lebensweise als Mensch im Allgemeinen geäußert hatte. Er sagte mir bei einer Gelegenheit, dass in seinen Augen die menschliche Größe seines Vaters zunahm, da er ihm, seinem Sohn, diese Herzensregung mitteilen konnte, bevor er starb. Jedes Mal, wenn er von seinem Vater spricht, treten ihm die Umstände dieser letzten Stunden in allen Einzelheiten vor Augen. Die Stimme versagt ihm vor Tränen, so dass ich auch nichts mehr sagen kann. Erst kürzlich sagte er mir, dass es doch ein großes Glück gewesen sei, dem Tod in die Augen sehen zu können. Es wird wohl noch eine Weile dauern, bis ihm die Erinnerung an die gemeinsam verbrachten letzten Stunden als ein besonderer Schatz bewusst wird, der die Verbindung zu seinem Vater verwandelt hat.

In dem unerwarteten Augenblick, in dem verschiedene Bruchstücke der Erinnerung – die gemeinsam betrachteten Gräser und Bäume, der Gesichtsausdruck im gemeinsamen Gespräch, die uns dabei umgebende Luft und die ganze Atmosphäre – höchst lebendig in einem wiedererstehen, vermengen und verwirren sich verschiedene Gefühle. Eine wirkliche Trauer und ein Gefühl der Leere stellen sich erst ein, wenn man bemerkt, dass die Erinnerungen, die man wieder und wieder in sich nachvollzogen hat, und die Züge des Gesichts, die man lange Zeit zu erinnern versucht hat, zunehmend aus dem Gedächtnis entschwinden. Parallel dazu, dass es Weisheiten und Rituale gibt, die Verstorbenen zu begraben, gibt es diese Rituale auch für das Leben in der Trauerzeit für die, die sich bereits von einem Verstorbenen verabschiedet haben. So spricht man mit denjenigen, mit denen man die gleichen Erinnerungen an den Verstorbenen teilt, über die vergangenen Geschichten mit dem Verstorbenen, wiederholt mehrfach das, was man sich über ihn erzählt und kommt erst dann zur Ruhe, wenn man hinsichtlich der eigenen Erinnerungen das Gefühl hat: „Ja, genauso war er."

Ob man den Tod seiner Eltern mit den eigenen Augen erlebt oder nicht, ist in Japan ein ebenso großes Thema wie das Sterben auf dem eigenen Tatami. Auch wenn man es für ein wichtiges Thema hält, ist es immer noch sehr fraglich, selbst wenn man zusammen wohnt, ob sich der Wunsch tatsächlich erfüllt, dem letzten Atemzug des oder der geliebten Menschen beiwohnen zu können. Das erleben heutzutage vermutlich nicht mehr sehr viele Angehörige. Dabei ist es auf der einen Seite die Aufgabe und sogar eine Pflicht der Kinder, dem Tod der Eltern in die Augen zu sehen, und auf der anderen Seite die der sterbenden Eltern, ihre Kinder diese Grenze erfahren zu lassen und ihnen zu zeigen, wie man dem Tod begegnen sollte. Dies ist ein Umgang mit dem Tod, der uns in gewisser Weise auch den eigenen Tod als eine große und wichtige Aufgabe annehmen lässt, bei der wir Fassung bewahren müssen. Während die Kinder durch den Tod der eigenen Eltern die Gefasstheit für den eigenen Tod erlangen, können sie darin zugleich auch lernen, wie sie ihr Leben gestalten können. Seit alters her heißt es in Japan, dass der wichtigste Aspekt der Erziehung, den die Eltern den Kindern mitgeben können, der ist, sie dem eigenen Tod in die Augen sehen zu lassen. Man sagt z. B., wenn man sich in der Nacht die Nägel schneidet, könne man dem Tod der Eltern nicht in die Augen sehen. Diese Lebensweisheit ist vielleicht aus der Sorge entstanden, dass man sich bei Nacht und Dunkelheit beim Nägelschneiden leicht verletzen kann – obwohl das reichlich übertrieben klingt. Jedenfalls, als ich etwa sieben Jahre lang in Deutschland lebte und an der Universität Köln studierte, habe ich in einer Reklameagentur und beim Rundfunk gearbeitet. Damals habe ich mir in der Tat manchmal bei Nacht die Nägel geschnitten, wobei mir das gerade genannte Sprichwort in den Sinn kam und mich das Gefühl beschlich, dass mit mir irgendetwas nicht stimmen würde. Dann fiel mir aber sogleich eine bequeme Ausrede ein. Da wegen des Zeitunterschieds zwischen Deutschland und Japan in Japan bereits früher Morgen ist, könne ich ganz beruhigt sein. Als es zu dieser Zeit einmal eine plötzliche Notsituation bei meinen Eltern gab, dachte ich daran, dass es ja möglich sei, umgehend mit dem Flugzeug zu ihnen zu fliegen.

Im Jahr 2003 starben zunächst im August mein Vater und zwei Monate später im Oktober meine Mutter. Ich kann wohl von Glück sagen, ähnlich wie Sie, Herr Wulf, dass ich beim Tode meines Vaters und meiner Mutter bei ihnen sein konnte. Wenn ich jetzt daran denke, dem Tod auf diese Weise begegnet zu sein, so kommt es mir wie eine unglaubliche Fügung vor. Um dort an Ort und Stelle sein zu können, wo jemand seinen letzten Atemzug aushaucht, müssen sich verschiedene Zufälle häufen, so dass dies zunächst nicht sehr wahrscheinlich erscheint. Vielleicht ist die Anwesenheit in der Stunde des Todes erst in diesem Augenblick selbst endgültig sicher. Es kann viele Umstände geben, die das verunmöglichen. Der einsam Reisende, der von der Reise nicht zurückkehrt, oder die, die in den Freitod gehen, wollen vielleicht, aus verschiedenen Motiven, bei dem zu ihnen passenden Abschied ganz allein sein. Auch wenn sie mit niemandem direkt zusammen sein wollen, so schreiben sie vielleicht doch einen Brief oder machen einen letzten Anruf. Manchmal soll auf keinen Fall etwas Sichtbares hinterlassen werden, so dass Zeichen nur im sehr Verborgenen gegeben werden. Sicher ist es sehr zu bedauern, wenn man beim Sterben eines für einen selbst wichtigen Menschen nicht anwesend sein konnte. Daraus aber abzuleiten, dass die Beziehung zum Verstorbenen nur schwach, die Gefühlsverbundenheit des Verstorbenen zu einem selbst bzw. meine emotionale Verbundenheit zum Verstorbenen nur unzureichend gewesen sei, ist im Allgemeinen nicht angemessen.

Welche Form er auch immer annehmen mag, der Augenblick, in dem man spürt, dass dies nun das letzte Mal sein wird, dass man mit der sterbenden Person zusammen sein kann, hat etwas von der Wirkung eines sechsten Sinnes, als ob eine Art Instinkt oder ein Körpersinn dieses Wissen vermitteln würde. In Japan umschreibt man diesen „sechsten Sinn" auch mit der Wendung von der „Botschaft der Insekten". Verstorbene treten immer wieder in Träumen auf. In Japan sagt man, „auf dem Traumkissen stehen", wenn dies geschieht, und man hört immer wieder, dass Menschen sagen, sie hätten nicht gewusst, ob es Traum oder Wirklichkeit gewesen sei, als sie die Gestalt der verstorbenen Person vor sich sahen. Den Augenblick des Sterbens kann man, sofern man sich nicht selbst das Leben nimmt, nicht frei wählen. Es ist so, als ob dieser Augenblick von irgendjemandem oder irgendetwas gegeben wird und zu einem herabsteigt. Der moderne Mensch behauptet mit Entschiedenheit, dass er durch seinen eigenen Willen und sein eigenes Denken lebt

58

und dass er einen freien Willen und ein freies Denken habe. Dennoch kann man den Augenblick nicht selbst bestimmen, an dem man ins Leben kommt und „normalerweise" auch den nicht, an dem man dieses Leben wieder verlässt. Wir besitzen eine Existenz, die durch die Kraft oder das Vermögen irgendeines Wesens belebt wird, so dass uns diese Existenz bei reiner eigener Passivität gegeben wird. Vielleicht zeigt uns dies die Notwendigkeit, unseren eigenen Tod und unser eigenes Leben an einen Gott gebunden zu sehen.

Über den Zusammenhang von Geburt und Tod

Die Frage, wo die Toten hingehen und wo sie verweilen, hat auch mich immer wieder beschäftigt. Nach meiner Auffassung gehört sie zu den Fragen, auf die es keine Antwort gibt, die jedoch gerade deswegen notwendig sind. Gerade weil sie nicht beantwortbar sind, artikulieren sie eine wichtige Dimension des Lebens. Alle Religionen versuchen, diese den Menschen beunruhigende Frage zu beantworten und haben wegen ihrer Antworten ihre Bedeutung für den Menschen. Auch Sie geben in ihrem Brief eine wunderbare Antwort, indem sie den Ort in einem Paradox fassen, das sich dadurch ergibt, dass dieser Ort zugleich nah und fern ist und sich dadurch unserer Logik und unserem Denken entzieht. Um diesem Paradox Ausdruck zu verleihen, zitieren die Annalen des Daitoku-Tempels in Kyoto: „Unzählige Äonen voneinander entfernt, aber nicht einen Spalt voneinander getrennt; unendlich viele Tage stehen einander gegenüber, aber sie sind nicht einen Augenblick geschieden." Wenn ich die Frage nach dem Ort der Toten zu beantworten versuchte, würde ich es ähnlich angehen. Eine solche Antwort macht die Frage nach den Toten zu einer Frage nach Gott. In dem für mein Leben so wichtigen 90. Psalm wird sie durch die Verwendung der Gegenwart für eine Situation der Vergangenheit ähnlich unbeantwortet gelassen: „Ehe denn die Berge wurden, und die Erde und die Welt geschaffen wurden, bist Du, Gott, von Ewigkeit zu Ewigkeit." Mit dieser Zeitlosigkeit Gottes geht seine Ortlosigkeit einher. Mit diesen Bestimmungen versucht auch Ihr Denkspruch die Unbeantwortbarkeit der Frage nach Gott zu fassen. Solche Denksprüche eignen sich zu einem meditativen Umgang mit den ihnen zugrunde liegenden Fragen. Sie lassen sich nicht zu Ende denken, sondern verweisen den Fragenden immer wieder auf sich und auf seine Fragen.

In der abendländischen Philosophie ist immer wieder darauf bestanden worden, dass der Mensch mit der Unbeantwortbarkeit solcher Fragen leben muss. Es komme auf die Frage, nicht auf ihre Beantwortung an. Die Frage hebt den Menschen auf ein anderes Niveau. Sie führt ihn aus der Immanenz des alltäglichen Lebens an die Grenze seiner Existenz und erlaubt ihm dadurch eine neue Erfahrung seiner selbst, die sich auch auf die alltäglichen Lebensprozesse auswirkt. Angesichts der Frage nach dem Ort der Toten ist es das Staunen, das *thaumazein* darüber, dass die Toten einerseits ganz nahe, andererseits ganz fern sind, und dass wir sowohl Erfahrungen der Nähe als auch der Ferne mit ihnen machen, die sich wie die beiden Seiten einer Medaille wechselseitig bedingen. Mal erleben wir die eine, mal die andere Seite. Zwischen beiden bildet sich ein Dazwischen, in dem sich existentielle Erfahrungen einstellen können. Dieses Staunen wird zum Ausgangspunkt eines neuen Welt- und Selbstverhältnisses. Die Welt wird frag-würdig. Ihre Erscheinungen und Strukturen geraten in Bewegung und öffnen sich für Erfahrungen der Alterität in der Welt und in der Konstitution des Selbst. Indem Welt und Selbst fragwürdig werden, entwickelt sich eine Unruhe des Geistes. Auf alle wichtigen Fragen des Lebens gibt es keine endgültigen, sondern allenfalls vorläufige Antworten, bei denen es darauf ankommt, dass sie für die Fragen durchlässig sind und diese nicht verstellen.

Hier liegt auch der Anfang der Anthropologie, die mich mein Leben lang umtreibt. Ihr Ausgangspunkt ist das *Staunen* und das auf ihm basierende *radikale, d.h. zur Wurzel der Dinge vordringende Fragen*. Mit dem Staunen geht häufig eine Verzauberung durch Menschen, Dinge und Beziehungen einher. Wir wundern uns, warum die Welt und die Menschen so sind, wie sie sind, und warum sie nicht anders sind. Wir staunen darüber, dass, wenn vom Tod die Rede ist, wir immer vom Tod der anderen sprechen. Infolge des Sterbens anderer Menschen machen wir Erfahrungen mit unserem eigenen Sterben. Es gibt keine Zeit nach dem Tode, in der wir ihn verstehen könnten. Nach wie vor gilt die Einsicht, dass wo wir sind, der Tod nicht ist und wo der Tod ist, wir nicht sind. Mit dem Staunen beginnen die Erforschung der Welt und die menschliche Selbsterforschung. Dabei verstricken wir uns in selbstgeknüpften Bedeutungsnetzen, aus denen wir uns nicht befreien können, so radikal wir auch die Welt, die anderen Menschen und uns selbst in Frage stellen. Jedes Handeln, jeder Erkenntnisversuch führt unausweichlich zu Verstrickungen mit uns selbst, mit anderen Menschen, mit unserer Kultur. Ob und wie weit das *Wu-wei* des Daoismus einen Ausweg bietet, ist mir eine offene Frage. Mit dem Alter begleitet das *Wu-wei* in stärkerem Maße unser Handeln, als bereiteten wir uns allmählich vor, durch die imaginative Auseinandersetzung mit dem Sterben ein neues Verhältnis zum Leben und zum Tod zu entwickeln. Für das Selbstverständnis des Menschen ist ein solches, auf Sinndeutung, Grenzüberschreitung und Selbstauslegung angelegtes, die Geschichtlichkeit und Kulturalität reflektierendes, in der Auseinandersetzung mit dem menschlichen Körper, seiner Bildung und Vergänglichkeit angelegtes Wissen konstitutiv.

Die Toten, mit denen wir gelebt haben, insbesondere unsere Eltern und Geschwister, leben in unserer Erinnerung fort und sind Teil unseres Imaginären. Sie sind zu Bildern geworden. Als mentale Bilder sind sie Figurationen zwischen Sichtbarem und Unsichtbarem. Im Unterschied zu den intensiven Bildern der Wahrnehmung, bei denen wir den Ort ihrer Entstehung kennen, haben die Erinnerungsbilder an die Toten einen „entwirklichten" Charakter. Vor unseren inneren Augen sehen wir die Verstorbenen, doch häufig nicht mit der gleichen Intensität, mit der wir die Menschen und Dinge in unserer Umwelt wahrnehmen. Unsere Erinnerungsbilder an die Verstorbenen entstehen aus Überlagerungen vieler Wahrnehmungen, deren Ort und Zeitpunkt uns nicht bekannt sind. Manchmal haben wir Mühe, die Bilder der Verstorbenen vor unserem inneren Auge festzuhalten. Sie erscheinen und verschwinden, verschieben und gestalten sich um. Es bedarf einer erheblichen Kraft, diese Bilder der Anschauung festzuhalten. Oft ist es wie ein Ringen um die vergangene Figuration der Verstorbenen, wie ein Versuch, sie der Vergangenheit zu entreißen und sie als Bild in die Gegenwart zu bringen und vor dem Vergehen zu schützen. In solchen Momenten sind die Verstorbenen anwesend und abwesend zugleich: Sie leben mit Hilfe unserer Imagination. Wir können mit ihnen sprechen, uns Szenen gemeinsamen Lebens vergegenwärtigen und müssen sie dann auch wieder entschwinden lassen.

Manchmal sind es nicht wir, die wir uns die Verstorbenen vergegenwärtigen. Vielmehr sind sie es, deren Bilder ungerufen in unserem Inneren aufsteigen und uns noch nach Jahren den Verlust in ungeahnter Intensität erleiden lassen. In solchen Momenten schießen uns Tränen in die Augen; wir fühlen uns schmerzhaft zerrissen; wir erfahren die Unwiederbringlichkeit des Vergangenen, die Unmöglichkeit einer neuen Begegnung mit den Verstorbenen und damit die Vergänglichkeit unseres Lebens. *Panta rhei*, alles fließt, wie es in der antiken Philosophie bei Heraklit so treffend heißt. Es gibt kein Verweilen; alles verändert sich, sogar die Toten im Imaginären der Lebenden. Solange wir leben, leben sie an dem Nicht-

Ort unseres Imaginären. „Alles bewegt sich, und nichts bleibt" (*pánta chorei kaì oudèn ménei*), wie Platon es im *Kratylos* formuliert. Nur Religionen setzen dieser Erfahrung etwas entgegen, das wir nicht erkennen und wissen, sondern nur glauben können. Religion bemüht sich darum, die die Menschen *beunruhigende Leerstelle* mit rituellen Handlungen, Bildern und Erzählungen zu füllen; Philosophie versucht, diese Stelle offen zu halten und das menschliche Leben als eine *offene Frage* zu begreifen.

Pilgerwege, wie Sie, liebe Frau Suzuki, einen beschreiben, sind Wege, nach deren Durchlaufen am Ende ein Ziel steht, dessen Erreichen dem Pilger Erlösung verspricht. Auch im Christentum spielt die Pilgerfahrt eine wichtige Rolle. Wenn der Gläubige den Pilgerstab nimmt und sich auf den Weg macht, reiht er sich ein zu den Millionen Gläubigen, die seit dem Mittelalter in der Wallfahrt die Vergebung ihrer Sünden und ein ewiges Leben erhoffen. Der Jacobsweg, der ganz Europa durchläuft, um in Santiago de Compostela im spanischen Galizien sein Ziel zu erreichen, wird seit Jahrhunderten von Millionen Pilgern frequentiert. Früher geschah dies zu Fuß oder zu Pferd, heute meistens mit dem Fahrrad, dem Auto oder dem Bus. Im Mittelalter blieben Tausende von Pilgern auf dem Jakobsweg, d. h. sie kehrten nicht zurück, sondern starben auf ihrer Wallfahrt. Viele Ruinen alter Herbergen und Hospitäler zeugen von ihrer Not, ihrem Leid und ihrer Hoffnung auf ein jenseitiges Leben.

Welche Empfindungen stellen sich ein, wenn wir heute eine solche Pilgerfahrt unternehmen? Mehrmals habe ich dies herauszufinden versucht: Mit meinem bald nach unserer dritten Fahrt verstorbenen Freund Dietmar Kamper habe ich im Abstand von jeweils zehn Jahren den Weg nach Santiago de Compostela im Frühjahr 1980, im Herbst 1990 und im Frühjahr 2000 zurückgelegt. Auf diesen Reisen ins lange vergangene und noch immer christliche Mittelalter standen nicht nur für die Pilger damals, sondern auch für uns die Fragen nach dem Verhältnis von Leben und Tod, Ort und Zeit, Diesseits und Jenseits, Mensch und Gott im Mittelpunkt unserer Gespräche.

Viele der von uns später untersuchten Themen fanden ihre erste Artikulation in Gesprächen auf der ersten Reise „im Schatten der Milchstraße" nach Santiago de Compostela im spanischen Galizien.[1] Während der Reise beschäftigte uns der rätselhafte Charakter des Körpers, des *corpus absconditum*, dessen Geschichte und Kultur ein Zentrum anthropologischer Forschung bildet. Uns faszinierte die „Wiederkehr des Körpers" in den Reliquien der Heiligen, die in den auf den „*hohen Orten*" gelegenen Kirchen gesammelt und ausgestellt wurden. Uns beeindruckte die Vielfalt der sinnlichen, an Raum und Zeit gebundenen Erfahrungen und die mit ihnen aufgeworfenen Probleme einer *Anthropologie der Sinne*. Wir suchten nach den Spuren der *Seele*, die so viele Jahrhunderte lang das kulturelle Leben Europas animiert hatte. Wir begegneten dem *Heiligen* in Gegenwart und Vergangenheit. Uns erfassten die Erscheinungen des *Schönen* in Kunst und Kultur. Wir erfuhren das *Lachen* grotesker Gestalten an den Kapitellen mittelalterlicher Säulen und erlebten die *schicksalhaften Verstrickungen der Liebe*. Immer wieder begegnete uns das *Schweigen* der Toten und Lebenden vor der unendlichen Leere der *gestorbenen Zeit*. Unsere Pilgerfahrt vollzog sich auf der Suche nach einer vergangenen *Welt*.

Unsere im folgenden Jahrzehnt mit etwa 200 Kollegen aus 30 unterschiedlichen Disziplinen und 12 Ländern durchgeführten Untersuchungen zum Thema „Logik und Leidenschaft" begründeten die Berliner historische Anthropologie, die konsequent transdisziplinär und international einen Beitrag zu einem besseren Verständnis unserer Vergangenheit, Gegenwart und Zukunft erarbeitete.[2] Unsere Studien mündeten in eine Anthropologie, die nach dem Ende der Verbindlichkeit einer abstrakten anthropologischen Norm weiterhin Phänomene und Strukturen des Menschlichen erforschen wollte. Diese Anthropologie steht in der Spannung zwischen Geschichte und Humanwissenschaften und versucht die Geschichtlichkeit und Kulturalität ihrer Perspektiven und Methoden auf die Kulturalität und Geschichtlichkeit ihrer Gegenstände zu beziehen.

Auf unserer „Pilgerfahrt" nach Santiago faszinierten uns die *heiligen Gegenden* und die herausragenden Orte des Jakobswegs mit ihren Knochen, Reliquien, Leichnamen und toten Körpern, dessen Kirchen von den *Darstellungen des Jüngsten Gerichts* bestimmt waren, bei dem Gott darüber urteilt, wer von den Menschen

---

1 Dietmar Kamper/Christoph Wulf: Im Schatten der Milchstraße. Tübingen 1982: Konkursbuch Verlag.
2 Christoph Wulf/Dietmar Kamper (Hg.): Logik und Leidenschaft. Erträge historischer Anthropologie. Berlin 2002: Reimer.

ein gottgefälliges, der Auferstehung und des Lebens im Paradies würdiges Leben geführt hat und wer an diesem Auftrag scheiterte, so dass er mit einem Aufenthalt in der Hölle bestraft wurde. Wir schrieben *Denkbilder* vom Weg, vom Lebenslauf und von der Geschichte, aber auch von der Ausweglosigkeit, vom Tod und von der Katastrophe. Uns faszinierte die Frage, wie die vielfältigen Wege, Bahnen, Straßen des Jakobsweges mit den heiligen Orten an seinem Rande mit der Erlösung durch das Erreichen Santiago de Compostelas zusammen hingen. Uns schien, als kündigte sich mit diesen Pilgerfahrten bereits die Sprengung des Kreises und der Bedeutungsverlust der zyklischen Zeit in der Moderne an. Der Jakobsweg wurde zum Modell des *curriculum vitae*, des Lebenslaufs, von dem man nicht abweichen darf, um sich nicht zu verirren und sich nicht den an seinen Rändern lauernden Schrecken auszusetzen. Dort lauerten der Heuschreck, der Basilisk und andere Formen des Bösen. Hier konnte der Gläubige auch den Verführungen der Katharer begegnen, gegen die die römische Kirche zum Kreuzzug aufrief, um mit unvorstellbarer Grausamkeit alles zu vernichten, was vom „rechten Weg" abwich. Wer dem vorgeschriebenen Weg durch Licht und Schatten folgte, den erwartete in Santiago de Compostela die Erlösung von allen Sünden. Dessen ungeachtet drohte auch die *Saudade*, diese tiefe Schwermut und Ausweglosigkeit, die für die Galizier so charakteristisch war und in der sich eine Folge der Verdrängung der vom Wege abgelegenen Seiten des Lebens sehen lässt.

Als wir nach zehn Jahren unsere Reise im *Schatten der Milchstraße* wiederholten, hatten wir uns verändert. Ich hatte geheiratet und hatte zwei Kinder, Katharina und Alexander; meine Eltern waren gestorben. In unserer Reihe internationaler transdisziplinärer Colloquien *Logik und Leidenschaft* hatten wir viele der bei unserer Fahrt nach Santiago aufgetauchten Themen in einer ersten Annäherung erforscht. Diesmal wollten wir eine Studie über das *Wiederholen* schreiben. Dabei wollten wir die anthropologische Bedeutung des Wiederholens im menschlichen Leben untersuchen. Trotz vielfältiger Aufzeichnungen kam es nicht zur Fertigstellung eines gemeinsamen Buches. Jeden von uns hinderten immer wieder andere Projekte daran, das Thema als ein gemeinsames Vorhaben weiterzuverfolgen. In meinen mehrjährigen Untersuchungen zur anthropologischen Bedeutung *mimetischer Prozesse* für die Entstehung und Veränderung von Kulturen und für das kulturelle Lernen junger Menschen habe ich mich mit der *Wiederholung* intensiv auseinandergesetzt. Dabei wollte ich zeigen, dass Wiederholungen nicht bloße imitatorische, sondern *produktive Prozesse* sind. Auch in meinem anderen großen Projekt, der zwölf Jahre währenden „Berliner Ritualstudie", ging es um die Bedeutung des kreativen Wiederholens im Rahmen von Ritualen in „Familie", „Schule", „Jugendkultur" und „Medien". Ziel dieser Untersuchung war es, die produktive Seite von Ritualen im Rahmen ihres repetitiven, mimetischen und performativen Charakters zu untersuchen. Auf der Grundlage dieser Untersuchungen entstand, liebe Frau Suzuki, auch mein Interesse an dem uns beide faszinierenden Projekt einer *poietischen Pädagogik.*

Unsere deutsch-japanischen Forschungen zum Familienglück, in denen wir in drei jeweils deutsch-japanischen Teams eine ethnographische Untersuchung von drei deutschen Familien in Berlin am Weihnachtsfest und von drei japanischen Familien am Neujahrsfest durchführten, resultieren ganz sicher aus den uns gemeinsamen anthropologischen und pädagogischen Grundfragen.

Als Dietmar Kamper und ich im Frühjahr 2000 unsere dritte Reise nach Santiago de Compostela und ans „Ende der Welt" unternahmen, beschäftigte mich vor allem die Imagination. Etwas war auf dieser Reise anders geworden. Im Rückblick wird mir bewusst, dass Dietmar nicht mehr die gleiche Freude und Kraft hatte, sich auf neue komplexe Themen einzulassen. Selbst da, wo wir Themen angingen, die uns früher gemeinsam faszinierten, hatte er nicht mehr die gleiche Energie. Einmal drückte er es so aus: „Was ich dazu zu sagen habe, habe ich schon gesagt." Dennoch war auch diese Reise sehr schön. Das gemeinsame Erleben von bereits früher Erlebtem geschah schweigend. Wir hatten uns ja auch schon vieles dazu erzählt. So gingen die Gespräche des Öfteren zu unseren Familien, zu den Schwierigkeiten und Freuden gemeinsamen Lebens. Wir wollte noch einmal ein Buch, diesmal über das Imaginäre des *camino* schreiben. Bevor wir uns morgens zum Frühstück wiedertrafen, hatten wir schon zwei Stunden an Skizzen zu diesem Buch gearbeitet. Zur Fertigstellung dieses Projektes kam es nicht mehr.

Als wir durch die Straßen von Santiago de Compostela gingen, uns der Kathedrale näherten, sagte Dietmar: *Hier muss ich nun nicht noch einmal hinkommen. Es reicht ...* Zunächst nahm ich diese Äußerung als Ausdruck eines Gefühls, das wir jedes Mal hatten, wenn wir am Ende des Jakobwegs angekommen waren. *Es war der Weg und nicht das Ziel, worauf es ankam.* Doch später schrieb ich seiner Äußerung eine neue Bedeutung zu. Einen Monat nach unserer Reise wurde bei Dietmar Darmkrebs entdeckt. In dem nun folgenden Jahr, in dem er am Otzberg in der Nähe von Frankfurt lebte, habe ich ihn in etwa monatlich einmal besucht. Im Verlauf dieser Zeit nahm ich Teil an einem langen Prozess des Sterbens, über den wir viel miteinander sprachen. Wenn die Krebsspuren nicht mehr oder nur schwach zu sehen waren, keimte Hoffnung auf. Vielleicht war es gelungen, dem allmählichen Sterben Einhalt zu gebieten. Doch dann gab es immer wieder Situationen, in denen deutlich wurde, wie wenig Grund zur Hoffnung bestand. Dietmars körperliche Verfassung verschlechterte sich. Er wurde immer schmaler, bis er nur noch die Hälfte seines Gewichts hatte. Seinen 65. Geburtstag haben wir noch mit Freunden gemeinsam gefeiert. Doch schon an diesem Tag konnte er nicht mehr die ganze Zeit mit seinen Gästen verbringen. In einer dieser längeren Pausen haben Hans Belting und ich einen längeren Spaziergang gemacht, auf dem unsere Freundschaft entstanden ist. Ich habe oft darüber nachgedacht, wie sie mit Dietmars sich ankündigendem Tode zusammenhing.

Ein paar Tage später bin ich wieder zu Dietmar gefahren. Birke, seine Lebensgefährtin, erzählte mir, da er gerade schlief, viel von diesen schweren Tagen. Dann saßen wir an seinem Bett zusammen. Er erzählte mir von seinen Träumen und den mit ihnen verbundenen unausweichlichen Ängsten. In einem Traum waren wir beide gemeinsam in einer Hütte an einem Abgrund. Ein Erdrutsch riss die Hütte hinab. Mir war es gelungen, den Sturz kurz aufzuhalten; doch es war nur eine Verzögerung; dann stürzten wir gemeinsam in den Abgrund ... Wir saßen stundenlang beieinander. Oft sprachen wir lange Zeit nicht. Ein paar Tage nach diesem Besuch begab sich Dietmar in die Universitätsklinik nach Heidelberg.

Dort ließ er sich die Mahlersymphonien vorspielen, die ich ihm zu seinem letzten Geburtstag geschenkt hatte, und starb in den Armen seiner Lebensgefährtin. Für Dietmar – das hatte er mir oft gesagt – gehörten die Stunden der Geburt und des Sterbens in die Zuständigkeit der Frauen.

Poietik von Leben und Tod

In Japan gibt es, ähnlich wie in Europa, seit alters her Pilgerwege wie den Weg zwischen den 88 Tempeln des Shingon-Buddhismus auf der Insel Shikoku und den Weg zwischen den bekannten Shinto-Schreinen in Kumano und Ise. Der berühmte „Jakobsweg", der von seinem Ende her den Nordwesten mit dem Nordosten Spaniens verbindet, wird bekanntlich auch „Sternenweg" genannt, was die Vorstellung hervorrufen sollte, dass auf diesem Weg das Universum als Makrokosmos und der Mikrokosmos des eigenen Leibes in Wechselbeziehung stehen. Wenn wir an den Ort unseres alltäglichen Lebens zurückkehren und zu dem Punkt, an dem unser Leib die große Erde berührt und wir dies als die Achse betrachten, in der Makrokosmos und Mikrokosmos in Wechselbeziehung stehen, so sind wir genau hier und jetzt immer schon mit dem Universum verbunden. In der Zeit, als man diesen Zusammenhang noch mit dem eigenen Leib wusste und erfuhr, war die Pilgerreise nicht nur ein Reise in die Ferne, sondern auch eine Reise in das eigene Innere.

Was für eine Reise mag es nur sein, wenn wir sterben und aus dem Leben treten? Die Tatsache – und das haben auch Sie ganz ähnlich in ihrem letzten Brief geschrieben –, dass niemand weiß, inwiefern die Reise nach dem Tod den Reisen ähnelt oder sich von ihnen unterscheidet, die wir in unserem Leben gemacht haben, wird bei vielen wohl die Angst vor dem Tod vergrößern. Wenn es um Angelegenheiten geht, die den Menschen in seinem Selbstverhältnis und seinem Selbstbewusstsein betreffen, so will es jeder selbst vollständig verstehen, alles selbst in die Hand nehmen und erfolgreich beherrschen können – dies jedenfalls gilt für die Menschen in der modernen bürgerlichen Gesellschaft, die so auf jeden Fall ihr Leben gestalten und verrichten möchten. Dieser kontrollierende und steuernde Zugriff auf das menschliche Leben wird z. B. bereits im Zusammenhang mit der menschlichen Geburt sichtbar, indem durch fortgeschrittene medizinische Technologien beispielsweise die Schwangerschaft kontrolliert, künstliche Befruchtung und Gendiagnosen durchgeführt werden können usw.

Mit der Begleitung in der Zeit vor dem Tod ist es eigentlich auch nicht anders. Man selbst will nach eigenen Vorstellungen planen, wie man stirbt, und bemüht sich darum, die ärztliche Behandlung auf der Grundlage der gesetzlichen Vorgaben durch das Ausfüllen von Formularen vorzubereiten. Weil man ja selbst ein Mensch ist, möchte man unter Wahrung der menschlichen Würde in der Zeit vor dem Tod begleitet werden. Es bleibt aber fraglich, ob der Mensch ein Wesen ist, das in diesem Ausmaß und in dieser Form die Verantwortung für seinen eigenen „Weg in den Tod" übernehmen kann.

In Bezug auf die Menschen der Neuzeit, die versuchten, die Herrschaft über die Natur zu gewinnen, ist zunächst verständlich, dass sie den Wunsch besaßen, die Reichweite ihrer Naturbeherrschung auch auf den Tod auszudehnen, gegen den sie aus eigener Kraft nichts ausrichten konnten. Aber ist es dem Menschen wirklich erlaubt, so weit zu gehen? Oder ist es nicht vielmehr eine Hybris, die zu pflegen dem Menschen nicht erlaubt ist? Diese Frage entspringt dort, wo nach den eigenen Möglichkeiten, aber zugleich auch nach den eigenen Grenzen gefragt wird. Dabei handelt es sich nicht, oder nicht nur, um eine Frage an den einzelnen Menschen, es ist auch eine Frage an die Kultur, in der er lebt. Wenn ich diese beiden widerstreitenden Sachverhalte im Auge behalte und dabei zugleich die Möglichkeiten und Grenzen des Menschen spüre, so lässt mich diese Spannung am ganzen Körper erzittern. Obwohl mein Inneres die Sorge und Angst, die sich aus dieser Widersprüchlichkeit zwischen Naturbeherrschung und Ohnmacht angesichts der eigenen Sterblichkeit ergibt, nicht wirklich bewältigen kann, halte ich sie aus. Diese Gefühle machen mir deutlich, dass auch wir Menschen aus der Natur hervorgehen und im unaufhörlichen Austausch mit ihr leben. Schmerzhafte und leidvolle Erfahrungen im Leben nehme ich als harte Proben, die ich am eigenen Leibe durchleben muss, die mir aber helfen, den „Sinn" meines Lebens zu finden. Dabei bleibe ich nicht im Strudel der Trauer und des Leidens stehen, sondern versuche, die großen Unterschiede in den Situationen des Lebens wahrzunehmen und mich an meinem jeweiligen Zustand als einer unter so vielen Stationen auf der Reise des menschlichen Lebens zu „erfreuen". Hierin scheint mir die lebendige Weisheit eines erfüllten Lebens zu liegen. In den Diskussionen und gesetzlichen Initiativen der letzten Jahre über das Verhältnis von Leben und Tod scheint mir diese lebendige Weisheit jedoch auch zunehmend schwächer zu werden.

In diesem Sommer ist es zwölf Jahre her, dass im japanischen Parlament das Gesetz zur Organtransplantation verabschiedet wurde. In Japan gab es aus religiösen Gründen und vor dem Hintergrund der überlieferten Gewohnheiten, durch die der Tod einen kulturellen Sinn erhält, viele zweifelnde Stimmen, die sich gegen die Organtransplantation ausgesprochen haben. Auch gegen das Hirntodkriterium als Voraussetzung der Organtransplantation gab es Widerstand. Denn es widersprach dem Lebensgefühl der gegenwärtigen japanischen Gesellschaft offenbar, den Hirntod als den eigentlichen Tod des Menschen anzuerkennen. Hier drückte sich ein Befremden über die Tatsache aus, dass man im Grunde das Gehirn als etwas Besonderes ansieht und somit gewissermaßen von den anderen Organen trennt und auf der Grundlage von medizinischen Annahmen durch die Feststellung des Hirntods den ganzen Menschen für tot erklärt. An den Reaktionen in Japan war deutlich erkennbar, dass man den Tod eines Menschen nicht nur als den Tod eines physischen Wesens sehen wollte, sondern dass vielmehr ein starkes Bewusstsein darüber besteht, dass der Menschen als ein sozial und kulturell eingebundenes Wesen stirbt. So gab es nicht wenige, die einen starken Widerstand gegen die Akzeptanz des Hirntodkriteriums empfanden. Selbst wenn das Hirntodkriterium rechtens wäre, so bliebe doch die Vorstellung sehr problematisch, dass ein noch warmer Körper, in dem das Herz noch schlägt, aufgeschnitten wird, man ihm brauchbare Organe entnimmt und diese dann anderen Menschen „einsetzt". Den Hirntod als den Tod des ganzen Menschen anzunehmen, bedeutet, diesen Körper, der als lebendiger Mensch einen Eigennamen besessen hat, der Medizin und der medizinischen Technik in die Hände zu legen bzw. zu erlauben, den „Körper als reinen Gegenstand der Medizin" zu behandeln. Von meinen Eltern wurde mir beigebracht, und das prägte meine Erziehung, dass man den warmen Körper bis zu seinem Tode zu pflegen hat und es unbedingt vermeiden soll, ihn zu verletzen. Ausgehend von dieser Einstellung entsteht in mir ein kaum verbalisierbares Gefühl des Widerstands gegenüber der Vorstellung, dass ein noch warmer Körper mit dem Skalpell zerschnitten wird, selbst dann, wenn ich das Hirntodkriterium aus rationalen Gründen anerkennen würde. So scheint es für die Japaner sehr schwierig zu sein, den Tod eines Menschen nur als den Tod eines Körpers zu sehen.

Parallel zu diesen Widerständen ist allerdings die Zahl derjenigen Menschen gestiegen, die sich im Zusammenhang mit einer schweren, chronischen Krankheit ein gesundes Organ von einem anderen Menschen erhoffen, so dass unter dem Druck der Mediziner und ihrer technischen Möglichkeiten in der medizinischen Behandlung auch in Japan 1997 ein Gesetz zur Organtransplantation eingeführt wurde. Das damalige Gesetz sah allerdings vor, Organe nur Menschen zu entnehmen, die über 15 Jahre alt sind, so dass in Japan eine Organspende von Kindern unmöglich ist. Das hatte zur Folge, dass beispielsweise nicht wenige Eltern für ihre Kinder unter Aufwendung hoher Geldsummen ins Ausland gingen, um dort ein Spenderherz oder andere Organe operativ erhalten zu können. Nicht alle Familien besaßen jedoch die finanzielle Grundlage, um im Ausland eine den hohen medizinischen Ansprüchen genügende Organtransplantation durchführen zu lassen. An Bahnhöfen und in Einkaufsstraßen sah man daher häufig Eltern und sie unterstützende Personen, die Geld sammelten, um einem Kind die Organtransplantation zu ermöglichen. Aber selbst, wenn genügend Geld gesammelt worden war, so brauchte es noch seine Zeit, bis auch das passende Spenderorgan gefunden wurde. Viele Kinder verloren in dieser Zeit ihr Leben, weil sich ihr Zustand plötzlich verschlechterte. Auf der anderen Seite gab es auch Fälle von Hirntoten, die mit Hilfe von Lebenserhaltungsmaßnahmen am Leben erhalten werden konnten. Unter den Kindern, bei denen der Hirntod festgestellt wurde, gab es einige, die aufgrund von künstlicher Ernährung ein deutliches Körperwachstum zeigten. Selbst wenn der Hirntod auf der Ebene des Gesetzes als der Tod des Menschen festgelegt wird, werde ich dennoch von der Sorge gequält, dass man noch lebende Kinder für tot halten könnte.

In diesen zwölf Jahre andauernden Diskussionen um das Für und Wider kam es dann bis 2009 zu einer immer stärker werdenden Bewegung, die eine Gesetzesänderung forderte, nach der die Reichweite von Organspende und Organtransplantation über die Erwachsenen hinaus auch auf Kinder auszudehnen sei. Inmitten der leidenschaftlich geführten Diskussionen, die von dem Zweifel getragen wurden, ob die bisherige Debatte ausreichend gewesen sei und man überhaupt über das Leben eines Menschen per Gesetz entscheiden könne, verabschiedete das Parlament die Gesetzesnovelle. Es ist aufschlussreich, sich die mit diesem Gesetz veränderten Umstände zu vergegenwärtigen. Bis zur Gesetzesnovelle galten die folgenden drei Punkte: 1. Die Feststellung des Hirntodes wurde nur dann als „Tod des Menschen" anerkannt, wenn die betreffende Person vorher ausdrücklich einer Organtransplantation zugestimmt hatte. 2. Als Voraussetzung für die Organtransplantation musste diese Person also vorher schriftlich ihren Willen bekundet haben, und die Familie musste zustimmen. 3. Organspenden wurden nur bei Menschen erlaubt, die älter als 15 Jahre waren.

In der Gesetzesnovelle wurde nun der festgestellte Hirntod ausnahmslos als „Tod des Menschen" anerkannt. Ferner gibt es keine Willenserklärung für eine Organtransplantation mehr, sondern diese wird gleichsam stillschweigend vorausgesetzt. Der Patient muss vielmehr, will er keine Organe spenden, ausdrücklich ablehnen, dass eine Feststellung des Hirntodes durchgeführt wird. Für die Gegner des Hirntodkriteriums bestätigt diese Ergebnis ihre schlimmsten Befürchtungen. Liegt eine die Transplantation ablehnende Willenserklärung nicht vor, ist für eine Organspende aber weiterhin die Zustimmung der Familie erforderlich. Und schließlich gibt es keine Altersbegrenzungen mehr; das Gesetz gilt mit dem Eintreten der Geburt, so dass auch Organspenden von Kindern erlaubt sind. Eines der Motive für die Bewegung zur Legalisierung der Organspende und der Organtransplantation für Kinder waren Überlegungen zu neuen Bestimmungen der WHO, der Weltgesundheitsorganisation, die damit auf den Organhandel für die im Ausland durchgeführten Transplantationen reagieren wollte. Wären diese neuen Bestimmungen in Kraft getreten, so wäre dies für Kinder, bei denen innerhalb Japans keine Organtransplantation durchgeführt werden dürfen, auch im Ausland nicht mehr möglich gewesen. Um also die Zahl potentieller Organspender zu sichern, kam es zu diesem vom Parlament verabschiedeten Gesetz, das die Frage, ob mit dem Hirntod der Tod des Menschen eingetreten ist, in grundsätzlicher Weise regelt.

Das Gesetz für die Organtransplantation ist nichts anderes als eine Vorschrift dafür, wie mit dem Leben umzugehen ist. Die Tatsache, dass die Belange des Lebens eines jeden Einzelnen im japanischen Staat durch ein Gesetz für alle in gleicher Weise geregelt werden, ruft einen starken Widerstand hervor. Was wird dieses Gesetz, außer bei denjenigen, die nach einer schweren Krankheit eine Organspende erhalten haben bzw. denen, die in einem Zustand sind, in dem der Rest ihres Lebens ihnen egal geworden ist, wohl für eine Auswirkung im Hinblick auf die Erwartung des eigenen Todes haben? Es gab wohl niemanden, der hierüber eine konkrete Vorstellung hatte. Es stellten sich einfach zu viele Fragen: Kann der Hirntod wirklich als der Tod eines Menschen anerkannt werden? Kann diese Tatsache gefühlsmäßig integriert werden? Was werden ich selbst und meine Familie tun, wenn der Fall der Fälle eintritt? Ich glaube, dass nicht ich allein es sehr bedauerlich finde, dass es vor dem Zustandekommen der Gesetzesnovelle keinen ausreichenden Raum gab, um die vielen Zweifel der Menschen zu berücksichtigen.

Derzeit halte ich an der Universität Kyoto eine Vorlesung zum Thema „Anthropologie von Leben und Tod". An dieser Vorlesung nehmen ungefähr 60 Studierende aus verschiedenen Fächern wie Recht, Wirtschaft, Naturwissenschaften, Medizin, Krankenpflege und Pädagogik teil. Es ist eine allgemeine Einführungsvorlesung in die „Thanatologie", in der ich Themen behandle wie die Vorstellungen über das Leben nach dem Tod, die Trauerriten für Verstorbene samt ihrer religiösen und kulturellen Wertsetzungen, Hirntod, Organspende, würdevoller Tod, Hospizbewegung und die Pflege von Menschen, die kein Bewusstsein mehr von sich besitzen. Wenn die Frage nach Leben und Tod nicht vom alltäglichen Empfinden und den realen Gefühlen lebendiger Menschen ausgeht, besteht die Gefahr, in leerem Gerede zu enden. Im Japanischen gibt es den Ausdruck „mit dem Körper wissen", was bedeutet, eine Sache nicht nur mit dem Kopf zu verstehen. Durch den Körper hindurch zu wissen bedeutet, eine Sache oder einen Sachverhalt in der Realität des eigenen Lebens zu spiegeln und in wirklicher Tiefe zu erfassen. Insbesondere in der Thanatologie ist es nötig, eine Haltung zu finden, in der man „mit dem Körper weiß". Um eine solche Haltung im Körper verankern zu können, lasse ich in der Vorlesung viel Zeit für die Diskussion. Mit den Studierenden habe ich bei diesen Gelegenheiten ausführlich auch über die Gesetzesnovelle zur Organtransplantation und über den Hirntod sprechen können, wobei sie sehr verschiedene Ansichten über den Hirntod äußerten.

„Da ich jegliches Bewusstsein bereits verloren habe und das ja genauso ist wie gestorben sein, kann man mir eigentlich, wenn die Organe benötigt werden, alles entnehmen." „Hätte es keinen medizinischen Fortschritt gegeben, so wäre es auch nicht möglich gewesen, den Hirntod festzustellen und es hätte auch nicht die sich daran anschließende Möglichkeit der Organtransplantation gegeben. Können denn die heute in der Medizin Verantwortlichen wirklich mit Sicherheit sagen, dass sie den Tod des Menschen kontrollieren können? Wenn sie das behaupten und es auch wirklich können, so bleibt wohl nichts anderes, als dass sie grundsätzlich die Verantwortung übernehmen und die Kontrolle ausüben. Weil die Tendenz heute bereits in diese Richtung geht, nützt es wohl nichts, wenn ich alleine mich dagegen wehre." Diese und ähnliche Stimmen habe ich in unseren Diskussionen immer wieder gehört. Es hat mich doch überrascht, dass viele Studierende so reagiert haben, dass sie, statt wirklich fundiertes Wissen erlangen zu wollen, sich von der Tendenz der Zeit drängen lassen, sich einfach den Umständen anzupassen und sich einverstanden zu erklären. Wäre ich noch Studentin, würde ich mir über diese Sachverhalte mehr Gedanken machen und versuchen, konstruktive Diskussionen zu entfachen, die bestimmte Tendenzen der Zeit verändern helfen. Ich gehe davon aus, dass dieser Wunsch nicht nur der Wunsch der Lehrenden ist. Die Studierenden im heutigen Japan zeigen wenig Engagement dafür, die Zukunft der Gesellschaft zu gestalten. Mein Eindruck ist vielmehr, dass sie einen gewissen Durchblick besitzen und gleichzeitig aber mit dem Gefühl leben, dass sie gegenüber den Ereignissen in der großen Welt, die sich um sie herum abspielen, machtlos sind. Doch dann gibt es aber auch Studierende – und dies wurde mir vor allem in den Diskussionen deutlich –, die einen Blick auf eine Sache werfen, von ihr erfasst werden und mit großer Neugier äußern, dass sie unbedingt etwas über das Leben nach dem Tod erfahren oder Erfahrungen mit dem Transzendenten machen wollen. Diese Situation der Studierenden, die sich verunsichert in einem schmalen Bereich von Wissen bewegen, lässt sich heute auch bei einem großen Teil der Japaner insgesamt beobachten.

Die Zustimmung zu Hirntodkriterium und Organspende scheint, verglichen mit verschiedenen anderen asiatischen Ländern, in Europa und Nordamerika sehr hoch zu sein. Zum Beispiel führt die Förderung der Organtransplantation im katholischen Spanien dazu, dass die Zahl der Organtransplantationen hoch ist und das

medizinische System und die regionale Vernetzung der Krankenhäuser für die Durchführung von Organtransplantationen sehr gut
organisiert sind. Ich hatte Gelegenheit, mir Materialien über das so
genannte „Spanish Organ Donor Procurement Model" anzuschauen.
Die Daten stammten aus dem Jahre 1996 und zeigten, dass in
diesem Jahr die dortige Zahl der Organtransplantationen weltweit
die höchste war. Auf eine Million Menschen kamen 43,8 Fälle von
Organtransplantationen. Die landesweite zentrale Koordinations-
stelle unterhält ein staatliches Transplantationsinstitut in Madrid;
die regionale Koordination übernehmen weitere 17 Stellen landes-
weit; in jedem Krankenhaus gibt es einen Arzt oder eine Ärztin,
die für die Koordination vor Ort zuständig sind. Die Koordinatoren
im Krankenhaus nehmen frühzeitig zu den Familien von potentiellen Spendern Kontakt auf, um ihnen den Sinn von Organspenden
zu erklären. Als Ergebnis dieser Beratung wurde angegeben, dass
etwa jede siebte Familie der Organspende zustimmt. Bei dieser
Förderung der Organtransplantation in Spanien spielen vermutlich
die wirtschaftlichen Aspekte eine wichtige Rolle. Selbstverständlich erhalten die vermittelnden Koordinatoren und die Ärzte, die
die Organtransplantation durchführen, ein Honorar. Zudem sieht
das staatliche Gesundheitssystem eine Prämie für jedes Spenderorgan vor, die anteilig an das medizinische Personal vergeben wird,
das bei der Organspende beteiligt war. Zudem wird die Höhe der
Prämie nach der Art und dem Wert des „erzielten Organs" festgelegt.
    Für mich bleibt es wirklich unverständlich, warum in einem
katholischen Land die Organtransplantation so verbreitet ist und
die Menschen offenbar kein unangenehmes Gefühl dabei haben.
Ich denke, dass man im Christentum den seit Platon in Europa
verankerten Dualismus von Seele und Körper übernommen hat und
so das Verhältnis von Körper und Geist versteht. Wenn man Geist
und Körper als getrennt voneinander denkt, so kann der Geist sich
nach dem Tod vom Körper lösen und friedlich im Himmel leben.
Der Körper ist nur der provisorische Wohnort, während der
Mensch in dieser Welt ist. Wenn der Körper als provisorischer
Wohnort des Geistes stirbt (oder der Hirntod festgestellt wird),
dann hat sich der Geist bereits von seinem provisorischen Wohnort
getrennt. Aus diesem Grund gilt es wohl als eine gute Sache, den
Menschen, die ihr Leben in dieser Welt noch fortsetzen, ein Organ
zu spenden. So jedenfalls versuche ich mir diesen Umstand zu erklären.

Ich habe gehört, dass um das Jahr 2000 in den USA, in Deutschland und in einigen anderen Ländern in Europa und Amerika eine Diskussion in Gang gekommen ist, in der sich viele Menschen für die Abschaffung des Hirntodkriteriums eingesetzt haben. Im Hintergrund dieser Diskussionen stand die Auffassung, dass noch keine gesicherte wissenschaftliche Erkenntnis zu der Frage vorliege, ob anerkannt werden könne, dass der Mensch nach dem Hirntod bereits „als ganzer" gestorben sei. Wenn der Hirntod nicht als Tod des Menschen anerkannt werden könne, dann sei nicht klar, ob man wirklich dem als tot und als Leichnam angesehenen Körper die Organe entnehmen dürfe. Denn man liefe Gefahr, einem lebenden Körper Organe zu entnehmen, auch wenn er sich im Sterbeprozess und in einem unumkehrbaren Zustand befindet. In Bezug auf das Hirntodkriterium werden einerseits die Maßstäbe infolge der fortschreitenden medizinischen Forschung vermutlich immer präziser werden. Dennoch werden auch Diskussionen über ethische Fragen immer wieder entstehen und die Menschen erregen.

Ich vermute, dass der Hintergrund für die wieder aufflammenden weltweiten Diskussionen über das Hirntodkriterium das wachsende Bewusstsein für die Widersprüche ist, die sich angesichts der Fragen nach Leben und Tod des Menschen ergeben, wenn man das autonome bürgerliche Subjekt im System der neuzeitlichen Rechtslehre zum einzigen Modell erhebt. Die Autonomie im neuzeitlichen Gesetz und die Theorie der Selbstbestimmung gehen von einem Menschen aus, der bei vollem Bewusstsein ist. Verfügungen, die beispielsweise von der Organisation „Living Wheel" durch eine Unterschrift bescheinigt werden, hinsichtlich der Frage, ob man eine lebensverlängernde Behandlung wünsche oder nicht oder ob man zu einer Organspende bereit sei, sind im Ernstfall nicht so leicht und unproblematisch zu handhaben. Je nach Krankheitsverlauf gibt es bei denjenigen, die sich selbst bewusst für eine bestimmte Option entschieden haben, immer wieder neue schwierige Situationen, die die eigene Entscheidung in Frage stellen. Dazu kommt, dass der Mensch eben nicht nur für sich alleine lebt. Auch wenn der Patient sich gegen eine lebensverlängernde Behandlung entschieden hat, kann es vorkommen, dass sich die Lebensqualität der Familie durch den Tod erheblich verschlechtern würde und sie den starken Wunsch äußert, das Leben des Patienten doch noch ein wenig zu verlängern. Soll man in diesem Fall den Wünschen der Familie nachkommen oder nicht? Dies sind Fragen, die sich in jedem einzelnen Fall wieder neu stellen. Darüber hinaus ist wohl nicht eindeutig zu sagen, ob die Einwilligung, dass dies nun wirklich die letzte Entscheidung gewesen sein soll, bis in den Tod hinein aufrecht erhalten werden kann. Inmitten der sich ständig verändernden Situation beim Krankheitsverlauf und bei der Pflege kann es durchaus zu veränderten Auffassungen kommen. Auch im Falle von „Living Wheel" haben häufig Patienten, die zunächst eine Unterschrift geleistet hatten, diese später widerrufen. Bei geistig Behinderten oder Kindern leistet der jeweilige Vormund die Unterschrift. Auch dieser Gedanke der Repräsentation entstand im Rahmen des neuzeitlichen Rechts. Aber ist es selbst im Falle von Eltern wirklich möglich, dass sie tatsächlich den Willen ihrer Kinder repräsentieren? Außerdem ist in den letzten Jahren das System selbst ins Wanken geraten, das die familiären Beziehungen erhalten und gesichert hat. Die Frage, ob zwischen Eltern und Kind wirklich eine Beziehung besteht, die eine Repräsentation möglich macht, muss gründlich erforscht werden und ist von hoher Dringlichkeit. Die Selbstbestimmung und der Gedanke der Repräsentation, die gemäß der neuzeitlichen Rechtsentwicklung von der Annahme ausgehen, dass das selbstbestimmte Subjekt im Zentrum steht und in diesem Rahmen versucht wird, zwischen Patient, Familie und den medizinisch Beteiligten ein juristisches Verhältnis festzulegen, können die Widersprüche, die in der medizinischen Behandlung auftreten (und auch verschiedene andere Fragen), letztlich nicht lösen.

Ob ein Mensch lebt oder tot ist, wird zunehmend zu einer Angelegenheit, die auf der Grundlage der Gesetzgebung entschieden wird. Philosophie, Religion und Ethik geraten bei diesen Fragen heute nur allzu leicht ins Hintertreffen. Ich glaube, um die Sachlage eingehend zu behandeln, wäre eine umfassende Perspektive nötig, die auch die Sicht der Philosophie, der Religion, der Ethik sowie der Kultur und Gesellschaft im Sinn des Zusammenlebens von Mensch und Umwelt einbezieht. Ich glaube, an diesem Punkt haben Sie, lieber Herr Wulf, mit ihrem Projekt der „Historischen Anthropologie" und ich mit meinem Projekt einer „Poietik der Erziehung" viele gemeinsame Perspektiven und Interessen. Viele der für die Fragen um Leben und Tod relevanten Umstände und Hintergründe können mit naturwissenschaftlichen Methoden nicht erfasst werden; es geht vielmehr um eine Haltung, die die alltägliche Lebenswelt der Menschen und das Leben insgesamt in einer neuen

Perspektive betrachtet. Die von Ihnen vertretene Historische Anthropologie zielt mithilfe historischer und kultureller Interpretationen und Analysen darauf, einen Beitrag zum Verständnis unserer Zeit zu erarbeiten. Meine Poietik der Erziehung untersucht die Viel- und Mehrdeutigkeit in den natürlichen Sprachen, im metaphorischen Denken und in der *Poiesis* im weiteren Sinne, durch die sich die Welt und ich selbst als ein in dieser Welt lebender Mensch bilden. Ist es nicht eine wichtige Aufgabe für uns, auf der Grundlage unserer Forschungen nach den Möglichkeiten einer „Anthropologie von Leben und Tod" bzw. nach einer „Poietik von Leben und Tod" zu suchen und diese zu entwickeln?

Wenn man die Diskussionen über den Hirntod und die Organtransplantation der letzten Zeit verfolgt, so kommt es einem vielleicht zunächst nicht gleich in den Sinn, was dort völlig fehlt: ein Gefühl der Ehrfurcht gegenüber Körper und Leib, dem Glauben, dem Transzendenten sowie dem, was sich dem naturwissenschaftlichen Zugriff entzieht und vom System der Wissenschaften noch nicht beherrscht werden kann. Diese Diskussionen werden so geführt, als ob diese Dimension überhaupt nicht dazugehörte. Man hat den Eindruck, dass der Körper und der Tod des Körpers durch extrem rationale Vorstellungen und mit der Absicht einer Funktionalisierung und Beherrschung des Menschen auf eine rein äußerliche und mechanische Angelegenheit reduziert werden.

Im Buddhismus sagt man, dass der Mensch nach dem Tode in die nächste Wiedergeburt geleitet wird und dann erneut in die Welt zurückkehrt. Glaubt man an die Wiedergeburt, so kann der Mensch, der dem Tod entgegengeht, die Trennung von Eltern, Kindern, Geschwistern und nahen Verwandten leichter überwinden. Man kann vor diesem Hintergrund alles dem kommenden Leben überlassen und sein Herz auf den Tod einstimmen. Auch denjenigen, die die sterbende Person in den Tod begleiten, ist es möglich, wenn sie an die Wiedergeburt glauben und sich diesem Gedanken überlassen, die Trauer zu überwinden, die sich beim Verlust eines wichtigen Menschen einstellt. In letzter Zeit ist jedoch im Rahmen der Wiedergeburtsvorstellung ein ganz neues Problem aufgetaucht. Es gibt junge Menschen, die ihrem Leben ein Ende setzen, weil sie diese Welt verlassen wollen, um ihr Leben nach einer Wiedergeburt noch einmal neu beginnen zu können. In diesem Falle wird die Welt nach dem Tod zu einer Unterstützung für den Sterbewillen.

Im Glauben und in Gelassenheit die Kraft zum Sterben zu erlangen – dies war früher eins mit dem Gefühl der Ehrfurcht und der Dankbarkeit, gelebt haben zu können. Im heutigen Japan sind unter den Menschen, die das Interesse an Aktivitäten religiöser Organisationen oder an dem Familiensystem der buddhistischen Tempel verloren haben, nicht wenige, die an keine Religion mehr glauben oder sich selbst als Atheisten bezeichnen. Noch vor dem Zweiten Weltkrieg etablierte sich in Japan in den buddhistischen Tempeln ein System der den jeweiligen Tempeln zugehörigen und sie unterstützenden Familien. In den damals noch streng patriarchal organisierten Familien übernahm der älteste Sohn, sofern er noch keine Familie hatte, regelmäßig Aufgaben bei religiösen Ritualen im Tempel. Diese Form der Beteiligung ist stark zurückgegangen. Zum buddhistischen Tempel geht man vor allem in den Städten eigentlich nur noch zur Begräbnisfeier und zu den Totengedenkandachten. Die Zahl der Menschen, die sich selbst als religionslos bezeichnen, wächst ständig. Inzwischen gibt es unter den buddhistischen Mönchen einige, die darüber nachdenken, ob nicht ein Grund dafür, dass es zu diesem Zustand kommen konnte, auch in der eigenen Art und Weise der Religionsausübung liegt, wofür sie nun Verantwortung übernehmen wollen. Dies tun sie, indem sie versuchen, die buddhistische Lehre, zu deren ursprünglicher Gestalt sie zurückkehren wollen, in das alltägliche Leben der Menschen zu integrieren und indem sie den Menschen Beratung anbieten und Patienten in der letzten Phase ihres Lebens spirituelle Unterstützung geben. Auf der einen Seite sinkt die Zahl der Familien, die sich einem buddhistischen Tempel zugehörig fühlen, auf der anderen Seite gewinnen die neuen Religionen und die quasi-religiösen Gruppen, die die Religion nur nachahmen, schnell neue Anhänger.

Gerne würde ich Sie fragen, lieber Herr Wulf, welche Beziehung die Menschen in Deutschland zur Religion pflegen. In Japan scheint es mir nicht so zu sein, dass im Vergleich zu früher die Zahl derjenigen zugenommen hätte, die müde geworden sind, nach den nötigen Mitteln für ihre Seele zu suchen. Vielmehr scheint es sich so zu verhalten, dass diejenigen, die von sich selbst sagen, dass sie Atheisten seien oder diejenigen, die nach dem Tod noch einmal wiedergeboren werden und sich daher jetzt das Leben nehmen wollen, eigentlich in dem Punkt ganz ähnlich sind, dass sie selbst nichts gefunden haben, an das sie glauben und dem sie sich anvertrauen können.

Die neuzeitliche Wissenschaft hat sich über die religiösen Weltanschauungen gestellt und sieht darin den Sinn ihrer Existenz. In der Gegenwart, in der sie die Sicht- und Denkweisen zu allen Dingen bis hinein in die Belange der religiösen Welt beherrscht, ist alles durch Rationalität und Vernunft geprägt. Gegenüber den Dingen, die wissenschaftlich nicht erfassbar sind und die dem Glauben überlassen sind, gehen Ehrfurcht und Verehrung zunehmend verloren. Wird aber nicht diese Entwicklung selbst zu einem Hindernis für einen gelingenden Umgang mit den Produkten von Wissenschaft und Technik und für vernünftige Umgangsformen mit den Gefühlen in unserer alltäglichen Lebenswelt? Es wird nicht nur unsere dingliche, institutionelle usw. Welt durch eine zweckfixierte und rationalisierte Denkweise zu einem mechanischen Funktionszusammenhang gemacht, sondern es besteht die Gefahr, dass auch die in dieser Welt lebenden Menschen auf die gleiche Weise behandelt werden. Die innere Ruhe und die Gelassenheit, die mit den unergründlichen Anteilen und der Vielschichtigkeit im menschlichen Sein umzugehen weiß, geht den heutigen Menschen zunehmend verloren.

Ich halte es für eine Gefahr, in der heutigen Zeit die Frage, wie ich mein Leben führen soll, allein als eine Angelegenheit des Rechts aufzufassen. Vielmehr ist dies eine Frage, die weiterhin in den Bereich der Religion, der Philosophie und der Anthropologie fallen sollte. Dass ich für mein Leben selbst die Verantwortung zu tragen habe und diese niemandem übertragen kann – dies ist zweifellos für jeden heute lebenden Menschen eine zu leistende Aufgabe. Zugleich darf aber auch nicht vergessen werden, dass dieses Leben eigentlich nicht von mir selbst gemacht wurde, sondern dass wir Menschen in uns eine Kraft besitzen, die uns empfinden lässt, dass dieses Leben ein „uns gegebenes" ist. Die begrenzte Zeit in dieser Welt ist aus einer unendlich langen Perspektive nicht mehr als ein Augenblick. Die Zeit in dieser Welt ist das mir gegebene und mir geschenkte Leben. Man kann auch sagen, es ist ein mir „überlassenes Leben". Um diese sehr begrenzte Zeit „richtig" zu leben, frage ich mich, wie ich dem mir überlassenen Leben gerecht werden kann, und dabei empfinde ich in letzter Zeit ein Gefühl intensiver Verbundenheit mit dem Leben, das durch Erfahrungen vermittelt ist, die ich meinen Eltern verdanke.

Staunen, Fragen, Sich-auf-den-Weg-Machen

Ich möchte noch einmal auf einen Aspekt unseres Themas zurück-kommen, den ich bereits in meinem ersten Brief an Sie angespro-chen habe, in dem ich Ihnen erzählte, dass in meinem Leben der Generationswechsel vom Tode meiner Eltern zur Geburt meiner beiden Kinder innerhalb von fünfzehn Monaten stattfand. Nach der Geburt meiner Tochter Katharina im September 1982 starben meine Eltern im Juli und im November 1983, bevor im Dezember mein Sohn Alexander geboren wurde. Dieser hier besonders deut-lich werdende Zusammenhang zwischen Geburt und Tod hat mich seitdem immer wieder beschäftigt. Während Sterben und Tod in unserer Kultur immer wieder zum Thema werden, ist Geburt seit langem kein öffentliches Thema. Da der starke Rückgang von Ge-burten in vielen Ländern zu einem demographischen Problem ge-führt hat, ändert sich diese Situation zurzeit.

Seit nach dem Ende normativer Anthropologien der Körper als *corpus absconditum*, als immer wieder Staunen hervorrufendes Rätsel im Mittelpunkt der Anthropologie steht, gehören Geburt und Tod zu ihren zentralen Themen. Weil wir geboren wurden, sind wir vergänglich und werden wir sterben. Leben und Tod sind für die Entwicklung des *Homo sapiens sapiens* konstitutiv. Geburt und Tod sind nicht nur individuelle Angst auslösende Ereignisse, son-dern bedingen sich wechselseitig und sind im Sinne einer *creatio continua* unhintergehbare Bedingungen der *Hominisation*. Der *Homo sapiens sapiens* ist das Ergebnis einer sich in mehreren Mil-lionen Jahren vollziehenden Abfolge von Geburt und Tod. Diese unmittelbar an Geburt und Tod gebundene Zeitlichkeit der Homini-sation hat mein Verständnis auch des individuellen Lebens stark beeinflusst. Ich begreife mich als Teil einer Kette des Lebens, in der mein Leben ein winziges Glied ist.

Die Evolutionsgeschichte hört sich wie eine der großen Erzäh-lungen der Menschheit an, mit deren Hilfe wir versuchen, unseren Ursprung, unsere Gegenwart und unsere Zukunft zu begreifen. In ihrer Geschlossenheit erinnert sie mich an die Mythen und die Er-zählungen der Religionen – auch wenn die Erzählungen der Evolu-tion anders gemeint sind. Ich möchte Sie, liebe Shoko Suzuki, kurz an die wichtigsten Entwicklungsschritte erinnern, denn sie lassen unser Leben und Sterben in einem größeren Zusammenhang erscheinen. Beim *Vormenschen* bildet sich der aufrechte Gang heraus, beim *Urmenschen* entstehen mit der Nutzung von Steinen allmählich erste Formen des Werkzeuggebrauchs, mit dem eine flexible Anpassung an die Umwelt und eine wachsende Unabhängigkeit von ihr möglich werden. Die omnivore Ernährungsweise bildet sich heraus. Im Gehirn entstehen die Sprachzentren. Die Verlängerung der Empfängnisbereitschaft des weiblichen Geschlechts führt zur Entwicklung von Paarbeziehungen, zur Intensivierung der sozialen Kommunikation, zur allmählichen Herausbildung der Arbeitsteilung zwischen den Geschlechtern und zur besseren Aufzucht des Nachwuchses. Mit diesen Entwicklungen beim Urmenschen gewinnt Kultur Einfluss auf die Entwicklung und Ausgestaltung des menschlichen Körpers. Beim *Frühmenschen* kommt es zu der die weitere Entwicklung des Menschen bestimmenden Vergrößerung und Qualitätsverbesserung des Gehirns. Es entstehen der Präzisionsgriff der menschlichen Hand und die Werkzeugkultur. Diese Prozesse führen zu einer verbesserten Nahrungsbeschaffung und zur Zunahme der relativen Unabhängigkeit von der Umwelt. Jagd und Feuernutzung fördern die geschlechtliche Arbeitsteilung, die Kommunikationsmöglichkeiten und die Entstehung von Gemeinschaften. Mit der Freisetzung der Hände und dem Wachstum des Gehirns entwickeln sich die Möglichkeiten von Sprache und Kultur. Vielfältige Formen der Migration sind die Folge. Diese Entwicklungen sind an die Abfolge von Geburt und Tod gebunden. Das einzelne menschliche Lebewesen muss zugrunde gehen, damit sich der Mensch in einem unaufhörlichen Wechsel von Geburt und Tod entwickeln kann.

Während sich in Europa der Neandertaler ausbreitet, kommt es in Afrika zur Entstehung des *Homo sapiens sapiens* und damit zur Entwicklung des Körpers des modernen Menschen. Beim Neandertaler lassen sich bereits Spuren der Imagination nachweisen, dennoch ist ihm der *Homo sapiens sapiens* überlegen. Der moderne Mensch verfügt über ein im Vergleich zum Körpergewicht größeres Gehirnvolumen, einen weniger energieaufwendigen Skelett- und Muskelaufbau, eine größere Fruchtbarkeit sowie höher entwickelte, das Überleben fördernde kulturelle Fähigkeiten. Hinzu kommt eine weiter entwickelte Werkzeugtechnik, durch die er die Ressourcen der Umwelt besser nutzen kann. Nach diesen Erkenntnissen ist der Körper des Homo sapiens sapiens das Ergebnis einer mehrdimensionalen Morphogenese aus den Wechselwirkungen zwischen ökologischen, genetischen, zerebralen, sozialen und kulturellen Faktoren. Ohne den rhythmischen Wechsel zwischen Geburt und Tod, zwischen Werden und Sterben wäre diese Entwicklung nicht möglich gewesen.

Schon von den uns beschäftigenden Fragen nach dem Tod, dem Umgang mit ihm und seiner Bedeutung für unser Leben lassen sich Spuren, liebe Shoko Suzuki, bereits sehr früh finden. Mit den ersten nachweisbaren Jenseitsvorstellungen im Zusammenhang mit den Grabfunden bei den Neandertalern beginnt das *Imaginäre* einen Raum in der Welt der Menschen einzunehmen. Die Entwicklung von Mythen und Magie ist eine notwendige Folge. Mit ihrer Hilfe versuchen sich die Menschen gegen den Tod zu schützen. Dabei spielen die Bestattungsriten, mit denen die Menschen das Trauma des Todes bearbeiten, eine wichtige Rolle. Der Tod ist für den *Homo sapiens* eine Erfahrung des Verlusts. Mit Hilfe von Riten und Mythen versuchen die Menschen sich seiner zu erwehren. Der *Homo sapiens* beginnt, das Imaginäre gegen den Tod zu setzen und damit die individuelle und kollektive Imagination gegen die Sterblichkeit zu mobilisieren. Ein Individualisierungsschub ist die Folge.

Auf unseren Pilgerfahrten nach Santiago de Compostela haben Dietmar Kamper und ich auch die Höhlen von Altamira und Lascaux besucht, in denen wir die Entwicklung des Imaginären untersucht haben. Nach unserer Auffassung vollzieht sich in diesen Höhlen nicht nur die Geburt der Kunst, sondern auch die Geburt des *Homo sapiens sapiens*. Diese Felsbilder sind Erzeugnisse des menschlichen Geistes, seines *Imaginären*. Bei ihnen handelt es sich um piktoriale Symbole, in denen neue, bis dahin nicht nachgewiesene ästhetische und poietische Fähigkeiten zum Ausdruck kommen, die für die Gestaltung der menschlichen Beziehungen zur Welt eine zentrale Rolle spielen. Bei vielen dieser Felsmalereien handelt es sich um imaginäre Vorstellungen von Tieren, die in der Außenwelt lebten und deren Abwesenheit von der Welt der Höhle durch diese Bilder in bildliche Präsenz transformiert wird. Als Repräsentationen der Außenwelt sind diese Bilder Teil des Imaginären der Menschen. Mit der in den Bildern erfolgenden „Verdopplung" wird eine ästhetische, vom Menschen geschaffene Welt erzeugt, in der der *Homo sapiens sapiens* seine gestalterische Kraft entfaltet. Mit Hilfe der Magie nimmt der Mensch in seinen imaginären Erzeugnissen Einfluss auf die Gestaltung der Außenwelt, so dass es zu einer Wechselbeziehung zwischen innen und außen kommt, in deren Verlauf sich Kunst, Sprache und Kultur insgesamt entwickeln. Der spielerischen Erzeugung ästhetischer, nicht auf die Bewältigung des alltäglichen Lebens bezogener Welten sowie der Freude und Lust an diesen ästhetischen Produkten kommt für die Entwicklung von Individualität und Kultur große Bedeutung zu. Nach unserer Auffassung treten in der Welt des Imaginären die Menschen zu sich selbst in Beziehung. Mit diesem Selbstbezug wachsen die Möglichkeiten kultureller Vielfalt. Im Zusammenspiel von Tod und Ritus, Schwinden und Wiederkehr des Körpers, ästhetischer und mythischer Produktion, Sprache und Magie entwickelt sich das Imaginäre und mit ihm Kultur als Möglichkeit des Menschen, sich in der Welt zu verorten.

Mir scheint, dass menschliche Gesellschaften und Kulturen in Raum und Zeit leben und wegen der begrenzten Zeitlichkeit individuellen Lebens auch mit und gegen den Tod existieren. Kultur als Gesamtheit kollektiven Wissens, praktischer Fähigkeiten, Normen, Regeln usw. wird von einer Generation an die nächste transferiert. In diesem Prozess ändern sich die Vorstellungen vom Tod und die Praktiken des Umgangs mit den Toten. Wie Sie, liebe Shoko Suzuki, es wiederholt geschrieben haben, betrifft der Tod nicht nur die biologische Seite des Lebens. Zu den wichtigen Aufgaben aller Kulturen gehört es, über den Tod von Individuen und Generationen hinaus die Kontinuität herzustellen. Sie bieten dem Einzelnen und der Gemeinschaft die Möglichkeit, den Tod zu imaginieren, zu denken und in rituellen Inszenierungen und Aufführungen mit ihm umzugehen. Je nach Kultur existieren dafür unterschiedliche Möglichkeiten. Sie reichen von religiösen Mythen, Erzählungen und Bildern vom Weiterleben bis zu Vorstellungen eines absoluten Endes.

Was Sie, liebe Shoko Suzuki, für Japan geschrieben haben, gilt auch für Deutschland: Unsere Kultur ist heute durch einen Bruch mit den Gesetzen des symbolischen Austauschs zwischen Leben und Tod gekennzeichnet. Statt sich auf einen Austausch zu richten, sind alle Energien darauf zentriert, den Tod aus dem Leben auszuschließen. Ziel ist die Akkumulation des Lebens. Die Transformation des akkumulierten Lebens zu einer Form des „lebendigen" Todes ist die Folge. Da der Tod ausschließlich vom Leben her interpretiert wird, gerät er nur in eingeschränkter Sicht in den Blick; er wird lediglich als Bedrohung des Lebens wahrgenommen, das es zu schützen gilt und das nur als Überleben begriffen wird. Die Aufschiebung des Todes und der Versuch, ihn aus dem Leben auszugrenzen, führen zu einem leblosen Leben. Mit dem Wunsch, auf jeden Fall zu überleben, wird die Macht geboren. Sie ist aufs Engste mit der potentiellen Todesdrohung und der Entscheidung über Leben und Tod verbunden. Die Versprechungen der Gentechnologie, den Tod herauszuzögern, zielen auf das Überleben. Die atomaren Potentiale, die Umweltzerstörung und die Ressourcenvernichtung bedrohen das menschliche Leben – eine Folge des implodierenden Willens der Machtausdehnung. Leben wird als Überleben inszeniert, wird simuliert und geht in der Simulation verloren.

In letzter Konsequenz scheint mir jede gesellschaftliche Macht eine Macht über Leben und Tod zu sein, die unterschiedlich ausgeübt wird: in einigen Gesellschaften von Königen oder Diktatoren, in anderen im Rahmen einer demokratischen Gewaltenteilung vom Staat. Um sich gegen Tod und Gewalt zu schützen, werden Militär- und Polizeisysteme geschaffen. Das medizinische System wird entwickelt, die Überleben in Aussicht stellenden Wissenschaften werden finanziert. Gewaltige Anstrengungen zielen darauf ab, den Tod hinauszuschieben und zu „überlisten". Menschliche Kultur umfasst ein Amalgam von Glauben und Riten, um den individuellen und kollektiven Tod zu bekämpfen.

Nach meiner Auffassung ist der Tod eine beunruhigende Leerstelle, die die Imagination mit mannigfaltigen, das Nicht-Wissen überspielenden Vorstellungen ausfüllen möchte. So viele Bilder und Metaphern die Imagination auch entwirft, um mit dieser Leerstelle umzugehen, es gelingt ihr nur unzulänglich. Es existieren kulturspezifisch unterschiedliche Formen der Wahrnehmung, der Empfindung und des Umgangs mit dem Tod. Mit Riten, Mythen und Bildern artikulieren und inszenieren Menschen ihr Verhältnis zum Verlust anderer Menschen. In kulturell und historisch ausgeprägten Formen wird das Verhältnis zwischen dem Einzelnen, der Gesellschaft und der Menschheit gestaltet. In der Gegenwart stehen sich zwei Vorstellungen gegenüber. In der einen wird von einem Weiterleben in einer anderen Welt oder von der Transformation des Toten in eine andere Form ausgegangen. In der zweiten wird in einer analogen metaphysischen Setzung behauptet, dass mit dem Tod das Leben endgültig zu Ende sei. Im Rahmen dieser Position werden die Hoffnungen der Biowissenschaften, den Tod hinausschieben zu können, zu scheinbaren Gewissheiten.

Unabhängig davon, wie wir mit der Frage nach dem Tode umgehen, sie lässt uns nicht los. In *Sein und Zeit* hat Heidegger von einem Sein zum Tode gesprochen und es so bestimmt: „Der Tod als Ende des Daseins ist die eigenste, unbezügliche, gewisse und als solche unbestimmte, unüberholbare Möglichkeit des Daseins." Demnach ist der Tod einmalig, unwiederholbar und in dieser Einzigartigkeit ein Merkmal der menschlichen Existenz. Geht man davon aus, dass das Ich in einer bestimmten Weise dabei ist, also gleichsam ein Begleiter des Daseins ist, dann ist es weder sterblich noch unsterblich, dann ist es „beim Anderen, ob wir dieses Anderssein nun uns selbst, der eigenen Person, oder anderen Personen oder Dingen zuschreiben". Dieses Ich ist ansprechbar; seine Ansprechbarkeit „scheint erst durch den Tod der Person sich auf bloße Nennbarkeit zurückzuziehen". Wenn das Ich beim Erwachen aus dem Schlaf da ist und beim Einschlafen wieder verschwindet, ist dann der Tod nicht eine dem Einschlafen ähnliche „Entgegenwärtigung" des Ichs und gilt dann nicht nach wie vor Epikurs Auffassung, nach welcher der Tod weder die Lebenden noch die Gestorbenen angehe?

Der Tod ist eine Grenze des Wissens, der sich die Menschen in unterschiedlichen Formen nähern, die sie aber aus prinzipiellen Gründen nicht überschreiten können. Dennoch ist die Beschäftigung mit dieser Grenze und mit den daraus erwachsenden Einsichten für anthropologisches Wissen konstitutiv; sie verweist auf eine aus dem „Sein zum Tode" resultierende Unergründbarkeit des Menschen und eine sich daraus auch ergebende Anthropologiekritik.

Ich habe in diesem Brief bisher vor allem von Tod gesprochen; doch zugleich habe ich immer wieder auf den engen Zusammenhang zwischen Tod und Geburt verwiesen. Daher möchte ich mich nun der Geburt zuwenden, ohne die wir den Tod nicht wirklich begreifen können. Das habe ich in meinem Leben in der engen zeitlichen Verbundenheit zwischen dem Tod meiner Eltern und der Geburt meiner Kinder intensiv erfahren. Meine Eltern gingen von dieser Welt; meine Kinder kamen in sie; und ich war ein Mittler zwischen beiden.

Hannah Arendt setzt Heideggers „Sein zum Tode" bzw. „Vorlauf zum Tode" eine „Philosophie der Geburt", der Natalität entgegen. In dieser wird die Perspektive gewechselt. Nicht mehr das Ende, sondern der immer wieder vergessene Anfang rückt nun ins Zentrum der Aufmerksamkeit. Auf den ersten Blick erscheint Geburt als natürlich und selbstverständlich. Doch sie ist nicht weniger rätselhaft als der Tod. Sterben kann nur, wer geboren wurde. Die Sterblichkeit des Körpers verweist auf sein Geborensein. Die Geburt ist immer schon gewesen; sie hat sich vollzogen; sie ist beendet, wenn ein Mensch auf der Welt ist. Für jeden Menschen ist die Geburt Voraussetzung des Lebens; sein Sterben liegt in einer unbestimmten Zukunft; es wird sich erst in einem in der Zukunft liegenden unbekannten Moment ereignen, der unsere Existenz als Mensch grundlegend verändert. Im Unterschied zum Tod, mit dem jeder allein konfrontiert ist, ist jeder Mensch bei der Geburt abhängig vom Mitwirken und Handeln anderer Menschen, insbesondere jedoch seiner Mutter. Die Geburt ist ein soziales Ereignis, in dem ein Kind in eine Familie hineingeboren wird, die dadurch grundlegend verändert wird.

Philosophieren heißt nicht nur seinen Tod vorwegzunehmen, sondern genauso grundsätzlich, sich an seine Geburt und seine Natalität zu erinnern. Im Unterschied zum hinduistischen Denken zieht das abendländische Denken das Sein dem Nichtsein vor, begreift es Geburt als ein Geschenk, als eine Möglichkeit anzufangen. Dem entsprechen die Pflicht und Sorge der Eltern gegenüber ihrem Kind und das Recht des Kindes gegenüber seinen Eltern, versorgt zu werden. Geburt etabliert eine nicht immer durch den Tod des Elternteils auflösbare Beziehung, unabhängig davon, wie gut oder wie schlecht sie im einzelnen Fall gestaltet wird.

Jede Geburt schafft einen neuen Körper. Jedes Geburtsereignis ist eine *imitatio creatoris*. Im Gebären eines neuen Menschen vollzieht sich eine Mimesis der göttlichen Erschaffung des Menschen. In diesem Akt verhält sich der Mensch wie Gott, erfolgt eine *imitatio dei*. Das Gebären neuen Lebens ist Dienst an Gott, ist Gottesdienst. Im zwölften Buch von *De Civitate Dei* von Augustinus heißt es dazu „*Hoc (initium) ergo ut esset, creatus est homo, ante quem nullus fuit*": „Damit ein Anfang sei, wurde der Mensch geschaffen, vor dem es niemanden gab". Bei der Geburt neuen Lebens wird dieser Anfang kontinuierlich wiederholt. Jede Wiederkehr des Körpers ist eine Mimesis der göttlichen Schöpfung und daher heilig. Aus dem sakralen Charakter der Geburt leitet sich die Heiligkeit des Menschen, seine Sakralität, seine Menschenwürde her. Jede Geburt lässt sich als ein „Sein zum Anfang" begreifen. Mit der Wiederkehr des menschlichen Körpers in Form eines individuellen Körpers in der Geburt wird jedes Mal ein neuer Anfang des Menschseins gesetzt. Dieser Anfang enthält eine Potentialität, die es im Verlauf des Lebens einzulösen gilt. Das menschliche Leben kommt aus dem Nichts und eilt dem Nichts zu. Die menschliche Existenz, deren Anfang die Geburt setzt, ist umschlossen vom „Nichts" des Vorgeburtlichen und dem „Nichts" nach dem Tode. Das menschliche Leben bewegt sich zwischen dem „Nicht der Vergangenheit" und dem „Nicht der Zukunft". Der menschliche Körper kommt aus dem *Noch-nicht* und bewegt sich auf das *Nicht-mehr* zu. Hineingeboren in das Leben, verlässt der Mensch es nach seinem Tode wieder.

Die Wiederkehr und das Schwinden des Körpers sind die Grundbewegungen menschlichen Lebens. Sein Anfang in der Geburt ist zugleich auch der Anfang seines Endes. Zeitlichkeit und Vergänglichkeit sind die Bedingungen unseres Körpers. Geburt und Tod sind unausweichlich. Wir sind nicht frei, den Anfang unseres Lebens zu wählen. Genauso unterliegen wir dem Zwang, es wieder verlassen zu müssen. Wenn wir geboren werden, werden wir in eine bereits bestehende Kultur hineingeboren, die in ihrer Geschichtlichkeit vor uns da ist, so dass wir prinzipiell in einem „post" zur Welt und zu uns selbst leben, das erst Bewusstsein und Reflexion ermöglicht. Mit dieser Situation ist eine besondere Fremdheit, eine Weltfremdheit gegeben, die unüberwindbar ist. Mit dem durch Geburt und Tod, durch Wiederkehr und Schwinden bestimmten Charakter des Lebens müssen wir uns abfinden; er ist die unaufhebbare *conditio humana* unseres Körpers und unseres Lebens.

Von Geburt an ist unser Körper auf Sorge und Pflege angewiesen. Das extra-uterine Frühjahr, die menschliche Früh-Geburt, ist die Bedingung unseres Lernens, Handelns und Zusammenlebens. Aufgrund der Plastizität unseres Körpers sind wir Menschen lernfähig. Unser frühes kulturelles Lernen ist ein Lernen der Anähnlichung, das auf bereits Vorgegebenes bezogen ist, das mimetisch angeeignet wird. In dieser Aneignung von Außenwelt, Alterität und Gemeinschaft entfaltet sich individuelles Leben in intergenerativen Prozessen. Mit jeder Geburt beginnt eine Welt, mit jedem Tod endet eine. Jeder menschliche Körper ist ein Anfang, „als ob die Welt ihm neu entstünde" (Hannah Arendt). So gesehen gibt es nicht einen Anfang, sondern nur viele Anfänge. Da wir zwei Elternteile haben, ist Pluralität bereits in unserem Leben angelegt. Mit dieser konstitutionell gegebenen Pluralität werden wir uns selbst zur Frage, auf die wir immer nur vorläufige Antworten findet.

Weil jeder von uns ein neuer Anfang ist, kann jeder auch selbst neu anfangen. Unser auf die Schaffung eines neuen Anfangs zielendes Handeln lässt sich als eine mimetische Antwort auf die Tatsache begreifen, dass jeder von uns selbst ein neuer Anfang ist. Für diesen Neuanfang, den jeder von uns darstellt, ist keiner von uns selbst verantwortlich. Geboren zu werden ist eine Folge des Handelns unserer Eltern. Keiner von uns ist gefragt worden, ob er geboren werden möchte. Für uns hat jeder neu geborene Mensch eine unmittelbare Evidenz, die in Frage zu stellen kaum möglich ist. Von uns wird erwartet, dass wir uns von dem ungefragt in die Welt hinein geborenen Menschen zu einem Menschen machen, der die Welt, sein Verhältnis zu anderen Menschen und zu sich verantwortungsvoll gestaltet. Wenn dies gelingt, verschieben sich die Gewichte in dem unaufhebbar asymmetrischen Verantwortungsverhältnis zwischen unseren Eltern und uns. Geborenwerden lässt sich begreifen als ein unter Schmerzen Zum-Licht-Kommen.

Bei der Geburt meiner Kinder und beim Tod meiner Eltern habe ich den engen Zusammenhang zwischen Geburt und Tod erfahren. Dass dieses Verhältnis nicht nur eine ontogenetische, sondern auch eine phylogenetische Dimension hat, ist mir erst im Laufe der Zeit bewusst geworden. Manchmal habe ich das Gefühl, dass diese Relation zwischen dem ontogenetischen Werden und Vergehen und der phylogenetischen Entwicklung der Menschen ein Element des Trostes für den unausweichlichen Tod jedes einzelnen Menschen ist. Tröstend wirkt dieser Gedanke umso mehr, je mehr wir uns nicht nur als Individuen, sondern auch als Teil der historisch entstandenen und auf Zukunft angelegten Menschheit begreifen.

Die Alterität des Todes

Die Gelegenheiten, Tod und Leben im menschlichen Alltag hautnah zu spüren, nehmen auch in der gegenwärtigen japanischen Gesellschaft immer mehr ab. In Ihrem letzten Brief haben Sie geschildert, wie diesbezüglich die Situation in Deutschland aussieht. Die Zahl der Menschen, die Geburt und Tod als Anfang und Ende eines Menschen zu Hause erleben, sinkt dramatisch. Noch 1960 wurde einer von zwei Menschen im Krankenhaus oder auf einer Geburtsstation geboren. Danach veränderte sich das Verhältnis sehr schnell, so dass nur zehn Jahre später, 1970, 96,1% und im Jahre 1990 bereits 99,9% der Geburten in Geburtseinrichtungen durchgeführt wurden. Die Geburt eines neuen Lebens im Haus der Familie kommt also im heutigen Japan so gut wie nicht mehr vor.

In Japan sind drei Krankheiten die häufigsten Todesursachen: Krebs, zerebrale Gefäßläsion und Herzkrankheiten. Stellt man die Frage, wo die Menschen mit diesen Krankheiten sterben, so starben 1947 noch 91% zu Hause. 1977 überstieg bereits die Zahl derer, die im Krankenhaus starben, die Zahl derer, die zu Hause starben. Aus einer Erhebung des Gesundheitsministeriums im Jahre 2001 weiß man, dass 1990 etwa 75% und 1998 81% der Menschen im Krankenhaus gestorben sind. Man kann somit sagen, dass in Japan die Zeit vorbei ist, in der es noch selbstverständlich war, „auf dem eigenen Tatami", also zu Hause zu sterben. Man kann das möglicherweise als ein Ergebnis der modernen Arbeitsteilung verstehen. Gegen das allgemein verbreitete System, in dem Familien, deren Mitglieder als Individuen in zunehmendem Maße selbständig und voneinander isoliert sind, die Kranken in die Verantwortung der Ärzte geben und die Bestattung von Bestattungsunternehmen durchführen lassen, können selbst regionale Gemeinschaften und religiöse Gruppierungen nichts mehr ausrichten.

Die moderne Gesellschaft hat viel in verschiedene Methoden investiert, um den Tod in rationaler Weise beherrschbar zu machen. Es wurden Verfahren und Regeln festgelegt, um den Leichnam aus Hygienegründen außerhalb des alltäglichen Lebens der Menschen zu bestatten. In diesen Verfahren wird deutlich, dass der Verstorbene als ein Teil der Gesellschaft und gleichzeitig als ein vereinzelter Körper begriffen wird. Wird ein Mensch krank, so kommt er in ein funktional gegliedertes Krankenhaus, in dem die Vitalfunktionen seines individuellen Körpers kontrolliert und behandelt werden. Dabei gerät der kulturelle Charakter dieses Menschen kaum in den Blick. Zwar wird der Mensch als einzelner in die Welt hineingeboren, doch tritt er schon bald mit dem Empfang eines eigenen Namens in ein Netz von Beziehungen mit anderen Menschen und entwickelt durch die Beziehungen zu seiner Umwelt Sinn im und für das Leben. Aber nicht nur das. Bedeuten die Missachtung und der Verfall der Kultur, die das Leben mit dem Leben anderer Menschen verwebt, nicht auch den Verfall der Kultur, die den Tod mit dem Tod anderer Menschen verbindet? Handelt es sich hier nicht um die beiden Seiten einer Medaille?

Ich denke, dies kommt beispielhaft auch in der Veränderung der Vorstellungen zum Ausdruck, die Menschen über den Tod haben. Vladimir Jankélévitch sagte in einem Gespräch über die Bedeutung des Todes sinngemäß das Folgende. In der frühen griechischen Religion dachte man, dass die Toten einen „Fluss" überqueren würden. Die Verstorbenen wurden alle mit dem von Charon, dem greisen Fährmann der griechischen Mythologie, auf dem Acheron geführten Boot über den Fluss geleitet und gelangten so an das andere Ufer. Auch wenn es sicher ein unbekanntes Ufer war, so war es eben doch ein Ufer, zu dem sie gelangen konnten. Selbst wenn man sagt, der Tote gehe auf die Reise in den Tod und dies sei eine Reise ins Unbekannte, so ist er eben doch auf einer Reise, und selbst wenn man von einer Abwesenheit des Toten spräche, so sind Abwesenheit und Reise „empirische Begriffe". Diese Form der Reise unterschiede sich auch von einer Reise, die man zu einem weit entfernten Stern unternähme. Wenn man sagte, man gehe in eine andere Welt, so stellte man sich diese andere Welt unwillkürlich in Entsprechung zu dieser Welt vor. Auch wenn man über die Welt nach dem Tod sprechen wollte, so war die Basis dafür nur die Welt, in der man lebte und die man mit den eigenen Augen sah. Anders konnte man über diese andersartige Welt, die Welt nach dem Tod auch nicht sprechen. In den Augen von Jankélévitch sind dies die Grenzen der menschlichen Sprache. Was auch immer man für Prä- und Suffixe an die Wörter hängt – Transformation, Transmutation, Metamorphose –, letztlich lässt sich die absolute Veränderung, die mit dem Tod einhergeht, immer nur ausgehend von empirischen Erfahrungen mit den Übergängen von einer Sache zu einer anderen ausdrücken. Aus diesem Grunde, meint Jankélévitch, versuchen die Religionen in ihrem Sprechen über die Welt nach dem Tod den Tod als einen Übergang ins absolute Nichts erfahrungsgebunden zugänglich zu machen, d.h. die andere Welt in einer Form auszumalen, die der hiesigen Welt entspricht.

Jeder Versuch, sich den Tod konkret vorzustellen, mache es unmöglich, den Tod denken zu können. Ein Denken über das Nichts sei ein Nicht-Denken. Versucht das Denken das Nichts zu denken, so löscht es sich selbst aus. Das Denken verbindet Begriffe mit anderen Begriffen, Vorstellungen mit anderen Vorstellungen, vergleicht diese und versucht Unterschiede zu erkennen. Unterschiede und Vergleich setzen voraus und enthalten die Vorstellung, dass ich mich zwischen zwei Dingen befinde und es zwischen diesen beiden Dingen eine Verbindung gibt. Die rätselhafte Einmaligkeit des Todes lässt sich auf diese Weise nicht erfassen. Im Sinne einer Denkunmöglichkeit, so Jankélévitch, sei der Tod nicht vernunftgemäß. Das bedeute, dass er sich dem sprachlichen Ausdruck widersetzt und das Denken überbietet. Ich denke, dass Jankélévitch die Unmöglichkeit, sich vom Tod eine Vorstellung zu machen und die Schwierigkeit, darüber zu sprechen, sehr gut erfasst hat.

Im heutigen Japan wächst die Zahl der Menschen kontinuierlich, die zwar meinen, dass es eine Welt gebe, in die man nach dem Tode gelange, aber die mit dieser Welt nach dem Tode kein reales Gefühl mehr verbinden. Zwar sprechen die Religionen über die Welt nach dem Tod, aber diese Menschen meinen, dass das dort von der Welt nach dem Tod gezeichnete Bild zu sehr der Welt ähnelt, in der sie selbst leben. Natürlich kann man sich darüber streiten, ob es eine Welt nach dem Tode gibt oder nicht. Aber der „Glaube", dass es eine solche Welt gibt, gehört in den Bereich der Religion. An eine Welt nach dem Tod und das ewige Leben zu glauben, sich selbst dieser Welt anzuvertrauen und zu sterben scheint heute immer schwieriger zu werden. In Japan hat die Religion heute keine große Bedeutung mehr für die Entwicklung von Vorstellungen über den Tod und das Jenseits. Man erwartet seinen eigenen Tod ohne religiöse Vorstellung über ihn. Der Journalist und Schriftsteller Yanagida Kunio hat daraus in seinem *Tagebuch über die „Medizin des Todes"* folgenden Schuss gezogen: „Wenn man ohne Hilfe der Religion ein besseres Verhältnis zu seinem eigenen Tod gewinnen möchte, dann muss man sich selbst um eine

eigene Form des Sterbens kümmern. Daher muss der Mensch sich
im heutigen Japan auf seinen eigenen Tod ohne Hilfe der Religion
vorbereiten und sein Sterben selbst inszenieren." Auch wenn es unmöglich ist, sich eine Vorstellung vom Tod oder der Welt nach
dem Tod zu machen, so wünschen sich die Menschen doch irgendeine Empfindung, an die sie sich halten können. Ich glaube, dies
hat sich auch in der Gegenwart nicht verändert. Im gegenwärtigen
Japan wird es immer mehr zu einem Problem, dass die Menschen
sich in Bezug auf diese Empfindungen nicht mehr nur der Welt des
religiösen Glaubens anvertrauen, sondern sich fragen, wie sich in
der Kultur des alltäglichen Lebens für diese Empfindungen sorgen
lässt, was zugleich eine Entfremdung von der Religion zur Folge
hat.

Es geht hierbei um die Frage, wie die Menschen, die sterben,
die Loslösung von dieser Welt vollziehen können, und auch um die
Frage, wie diejenigen, die den Tod eines Menschen sehen, damit
umgehen sollen. Wenn die Menschen, die an eine Welt nach dem
Tod und an ein ewiges Leben glauben, Menschen in ihrer letzten
Phase in den Tod begleiten wollen, die Sterbenden aber keinen religiösen Glauben besitzen, dann ist der Bruch zwischen den jeweiligen Überzeugungen sehr groß und eine gute Pflege wohl nicht
wirklich möglich. Und nicht nur das. Bei Menschen, die die Welt
nach dem Tod nur für ein bloßes „Nichts" halten, wird der Tod
vermutlich Angst und Furcht hervorrufen. Noch mehr als Menschen, die einen Glauben besitzen, werden sie die Vergänglichkeit
des Lebens und die Sinnlosigkeit angesichts des Todes empfinden.

Eine Möglichkeit, den Tod anzunehmen, gerade wenn man
nicht an die Existenz einer transzendenten Welt glaubt, ist zu sagen: „Ich sehne mich nicht nach einer jenseitigen Welt nach dem
Tode, sondern versöhne mich mit der diesseitigen Welt, die nach
meinem Tode weiter existiert." So könnte man sich selbst als Ziel
für die verbleibende Zeit die Versöhnung mit dieser Realität setzen
und einen guten Schlusspunkt finden. Dies würde dann heißen,
dass man die Beziehungen zu seinen Mitmenschen jeweils als einzelne beenden könnte und zugleich die Beziehung zur eigenen
Umwelt und zum Universum insgesamt zu einer Art befriedigen-
den Lösung geführt werden könnte.

Auf diese Weise dem Tod zu begegnen, scheint auf den ersten
Blick sehr einsichtig und überzeugend zu sein. Aber ich denke,
dass der Wille zu stark ist, mit dem das „Ich" den Tod und das

bisherige eigene Leben bis ins Letzte aktiv und subjektiv beherrschen will. Doch gerade weil wir Menschen, die wir ein Leben
erhalten haben, eine Art passive oder gegebene Existenz haben und
unbedeutend und klein sind und zugleich eine unendliche Würde
besitzen, können wir die Angst und Furcht vor dem Tod übersti-
gen und uns von dieser Welt lösen. Versteht man den Umstand, einen Glauben zu haben oder einer Religion anzugehören, nicht
lediglich als bloß formale Mitgliedschaft in einer religiösen Organisation, so ist die oben erwähnte Ansicht, die das Religiöse und
den religiösen Geist als Haltung, mit der der Mensch Leben und
Tod begegnet, auszuschließen trachtet, sehr eng und eingeschränkt.
Unsere Existenz ist in besonderer Weise dadurch ausgezeichnet,
dass wir unsere Existenz erhalten haben und im Augenblick der
Geburt sowie im Augenblick unseres Todes diese Tatsache mit
unserem eigenen Bewusstsein nicht fassen können, so dass wir das
Unvermögen des Menschen erfahren, mit dem eigenen Willen hier
etwas ausrichten zu können. Gerade in der Haltung, die beiden
Extreme von Geburt und Tod in mir zusammenzuhalten und mich
selbst als Mensch anzunehmen, besteht für mich der religiöse Geist,
der sich keinesfalls auf die Frage nach einem Glauben reduzieren
lässt. Ausgehend von der Voraussetzung, dass, obwohl wir gegenwärtig in Japan in ein Zeitalter ohne Religion zu geraten scheinen,
der religiöse Geist doch noch in den Menschen wohnt, empfinde
ich sehr tief die Notwendigkeit, erneut die Frage nach Leben und
Tod zu durchdenken. Der Schriftsteller Musakōji Saneatsu drückte
dies einmal wie folgt aus: „Es geschah, geboren zu werden und bis
zum Tode geht das Leben weiter". Geboren werden und sterben –
dies drückt die Spannung aus zwischen der Einfachheit der Aufgabe des Menschen, bis zu seinem Tode zu leben, und der Schwierigkeit, das menschliche Leben mit der Erwartung zu leben, es sei
einfach.

Wenn dieser Brief Sie erreicht, werde ich vermutlich bereits in
Berlin sein. Der kommende Aufenthalt in Berlin wird wahrscheinlich eher ruhig verlaufen. Obwohl ich kurz vor dem Aufbruch nach
Deutschland stehe und sehr beschäftigt bin, lese ich erneut den ersten Brief, den ich von Ihnen erhalten habe. Während ich ihn lese,
sehe ich in mir die Zeit, in der Sie ihre Eltern noch sehen konnten,
so dass erneut Tränen in meinen Augen stehen. Für den nächsten
Aufenthalt in Berlin habe ich mir vorgenommen, ins Café Kranzler

am Kurfürstendamm zu gehen, wo Ihre Mutter noch einmal gerne vor ihrem Tod hingehen wollte. Und ich möchte auch den Waldfriedhof in Berlin-Zehlendorf besuchen, wo Ihre Eltern ihre letzte Ruhe gefunden haben. Sie schrieben, dass sie versuchten, die Trauer auch dadurch zu verarbeiten, dass Sie sich an Orte begaben, die mit ihren Eltern in Verbindung standen oder mit denen Sie gemeinsame Erinnerungen verbanden.

Bei mir sind es in diesem Herbst nun sechs Jahre her, dass meine Eltern verstorben sind. Während ich unmittelbar nach ihrem Tode verschiedene Dinge ordnete, die mich mit meinen Eltern verbanden – was mir sehr schwer fiel – und ich zugleich immer wieder an gemeinsam erlebte Zeiten dachte, tat sich in mir ein großes leeres Loch auf, bei dem ich selbst nicht wusste, wie ich damit umgehen sollte. Im Traum traf ich meine Eltern und freute mich darüber, sie wieder zu sehen. Als ich dann aus dem Traum erwachte und bemerkte, dass es nur ein Traum war, vergoss ich vor lauter Trauer immer wieder viele Tränen. Wenn ich Menschen auf der Straße sah, die ungefähr in dem Alter meiner Eltern waren oder eine ähnliche Statur besaßen, schaute ich mich unwillkürlich nach ihnen um. Traf ich Menschen mit ähnlichen Gesichtszügen, so fragte ich mich, wie alt meine Eltern jetzt sein würden, wenn sie noch lebten und zählte die Jahre an meinen Fingern ab.

In Bezug auf die Zeit, die ich mit meinen Eltern verbrachte, empfinde ich noch immer Reue hinsichtlich der Zeit vor ihrem Tod, als ich sie pflegte. Mein Vater ist an Lungenkrebs und meine Mutter an Bauchspeicheldrüsenkrebs gestorben. Sie wurden operiert, erhielten Mittel gegen Krebs und man versuchte es mit Bestrahlungen. In der medizinischen Terminologie nennt man die Phase, wenn keine Therapie mehr positive Wirkungen zeigt, die Endphase. In Japan beginnt diese Phase, wenn die Lebenserwartung weniger als 90 Tage beträgt und alle lebensverlängernden Anwendungen ausgeschöpft sind. Ist dies der Fall, kann der Hospiz-Dienst in Anspruch genommen werden. Bei dem Wort Hospiz denkt man sogleich an die Hospiz-Station, aber Hospiz bedeutet auch einen mobilen medizinischen Dienst, der auf Palliativpflege spezialisiert ist. Es gibt also zwei Arten von Hospiz, zum einen die Hospiz-Stationen, die sich direkt in Krankenhäusern befinden, und zum anderen das Hospiz zu Hause, wo der Kranke in seinem eigenen Haus von einem Arzt, der auf die Endphase vor dem Tod spezialisiert ist, und einer Krankenschwester gepflegt wird. In Japan ist man gegenüber Patienten und Angehörigen sehr vorsichtig mit der Bekanntgabe einer Diagnose wie beispielsweise Krebs, mit deren Namen man einen baldigen Tod verbindet, und den Informationen hinsichtlich der wahrscheinlich verbleibenden Lebensdauer. Bis vor zehn Jahren verschwieg man dem Patienten noch sehr häufig die Krankheit und sprach darüber nur mit der Familie oder einer Person aus der Familie. Da der Hospizdienst mit dem Patienten zum einen über seine Krankheit spricht und ihn zum anderen mit dem Gedanken vertraut macht, dass nun alle lebensverlängernden Therapien beendet werden, hat das bei uns die Einführung des Hospiz-Gedankens im Vergleich zu Europa und Nordamerika verzögert. Gegenwärtig werden in Krankenhäusern nach und nach Hospiz-Stationen eingerichtet, aber sie sind noch lange nicht ausreichend verbreitet. Da meine Mutter, die zunächst meinen Vater bei der Lungenkrebsoperation begleitet hatte und ihn pflegte, auch an Krebs erkrankte, ließ ich beide ungefähr zur gleichen Zeit nach Kyoto kommen, um sie pflegen zu können. Weil ihr Zustand zu dem Zeitpunkt noch vergleichsweise stabil war, konnte ich unter

Inanspruchnahme eines Pflegedienstes beide bei mir zu Hause pflegen. Als aber die Schmerzen, die der Bauchspeicheldrüsen-krebs verursachte, größer wurden, wurde meine Mutter in eine Hospiz-Station verlegt, die am südlichen Biwa-See gelegen war. Häufig muss man länger warten, bis ein Bett frei wird, aber glück-licherweise konnte ich einen befreundeten Arzt des Universitäts-krankenhauses bitten, eine schnelle Verlegung zu ermöglichen. Ein Tag nach der Verlegung feierte meine Mutter ihren 71. Geburtstag. An diesem Tag erhielt sie vom Arzt und den Krankenschwestern eine von Herzen kommende Geburtstagskarte, und als sie sie in ih-rem Zimmer besuchten, sangen sie ein Geburtstagslied. Das Foto, das der Arzt an dem Tag von uns machte, bewahre ich immer noch als etwas sehr Wertvolles auf. Auf dem Foto sieht man meine Mut-ter neben mir auf dem Sofa im Krankenzimmer mit einem kleinen Lächeln, bei dem sie den Kopf ein wenig verschämt zur Seite neigt. Mit beiden Händen halte ich einen Blumenstrauß, den mich mein Vater vorher mit folgenden Worten gebeten hatte zu bestellen: „Da der Mutter etwas Farbenprächtiges sehr steht, möchte ich ihr heute einen farbenprächtigen Blumenstrauß zukommen lassen." Wäh-rend er das sagte, überreichte er mir einen Geburtstagsbrief für die Mutter, den er unter leichten Schmerzen mit sichtlich zitternder Hand nach der Lungenoperation geschrieben hatte. Ich dachte, dies ist wirklich das letzte Geburtstagsgeschenk und wohl der letzte Liebesbrief, wobei ich mich heftig bemühte, vor meinem Vater nicht in Tränen auszubrechen.

So wurde meine Mutter in einer Hospiz-Station gepflegt, und zu meinem Vater kam der Hospiz-Dienst nach Hause. Vormittags fuhr ich mit dem Auto zur Hospiz-Station und nachmittags pflegte ich meinen Vater zu Hause, weil auch der Hospiz-Arzt nachmittags seine Visite bei meinem Vater absolvierte. Während ich bei meiner Mutter im Krankenhaus war, musste ich immer an meinen Vater denken, der dort allein war, und wenn ich zu Hause meinen Vater pflegte, machte ich mir um meine Mutter Sorgen, die ganz allein im Krankenhaus lag, so dass ich ständig unter Spannung stand. Mein Leben nahm schnell eine Richtung, an der ich nichts ändern konnte, wo jeder Tag sich anfühlte, als ob ich sinnlos auf einer Achterbahn herumfahren würde. In der Hospiz-Station versuchte man mit allen Mitteln den Eindruck zu vermeiden, dass es sich um ein Krankenhaus handele. Die Krankenzimmer waren mit Möbeln ausgestattet, die man auch in normalen Familienhäusern sieht und man bemühte sich darum, dass der Patient seine Zeit möglichst so verbringen konnte, als ob er zu Hause wäre. Ich glaube, meine Mutter spürte dies alles sehr deutlich. Sie dachte sicher an meinen Vater, der zu Hause gepflegt wurde. In der Hitze des Sommers verschlechterte sich der Zustand meines Vaters sehr plötzlich. Aus Angst, meiner Mutter Sorgen zu bereiten, sagte ich ihr nichts davon, aber sie wird es wohl, wie wir in Japan sagen, von den „Sommer-Grillen" gehört haben. Mit einer Ausgangserlaubnis nahm sie sich allein ein Taxi und fuhr nach Hause.

An dem Tag ging es meinem Vater etwas besser und er riss sich auch noch ein wenig zusammen, aß sein Essen, so dass ein wenig Kraft in seinen Körper floss und er dann den Wunsch äußerte, mit dem Auto meiner Mutter im Krankenhaus einen Besuch abstatten zu wollen. Vor dem Besuch wolle er noch zum Friseur gehen, sich dann schön anziehen, da es ja nicht angehe, sie nicht mehr zu treffen. Dies sagte er, wie er es immer zu sagen pflegte. Dass der Vater die Mutter noch einmal sehen wollte, ist sicher irgendwie meiner Mutter im Krankenhaus übermittelt worden. An dem Tag fand am Uji-Fluß das große sommerliche Feuerwerk statt. In Japan gibt es die Sitte, dass man in einer sommerlichen Nacht am Rande eines Flusses oder am Ufer eines Sees ein Feuerwerk veranstaltet, um die kühle Abendluft zu genießen. Dies ist eine der „szenischen Dichtungen" (fūbutsushi), die es in Japan gibt. Obwohl das Bewusstsein meines Vaters langsam schwächer wurde, waren wir seit langem erstmals wieder zu dritt zu Hause und konnten zusammen das Feuerwerk in der Ferne ansehen. Mein Vater tat am nächsten Tag früh morgens, während wir uns in die Augen sahen, seinen letzten Atemzug. Nachdem die Totenfeier für meinen Vater vorüber war, äußerte meine Mutter den Wunsch, doch lieber den Hospiz-Dienst im eigenen Hause in Anspruch zu nehmen, um die letzte Zeit zu Hause verbringen zu können, so dass ich mit dem Arzt im Krankenhaus sprach und sie nach Hause verlegt wurde.

Der Hospiz-Dienst zu Hause ist regional organisiert. Die betreuenden Ärzte unterscheiden sich von gewöhnlichen Ärzten dadurch, dass sie eine spezielle Ausbildung haben, so dass sie für die Patienten in der Endphase palliativmedizinische Anwendungen ermöglichen können, die sich kaum von denen unterscheiden, die man im Krankenhaus durchführt. In Japan ist es ungefähr zehn Jahre her, dass das Interesse am Hospiz-Dienst zu Hause gewachsen ist und als eine neue Form regionaler medizinischer Betreuung Aufmerksamkeit gefunden hat. Glücklicherweise wurde mir durch meine Beziehungen zur Universitätsklinik ein Facharzt vermittelt, der in der Nähe meines Hauses einen Hospiz-Dienst eröffnet hatte. Dass ich Vater und Mutter in meinen Armen pflegen und verabschieden konnte, ist für mich ein sehr großes Glück. Dies ist es umso mehr, als die heute übliche Situation darin besteht, dass die Menschen in einem Krankenhausbett sterben. Ich bin überaus dankbar, dass meine Kollegen und die Studierenden während der Zeit, als ich meine Eltern zu Hause pflegte und zugleich meine Aufgaben an der Universität zu erfüllen hatte, eine wohlwollende Anteilnahme zeigten.

Auch wenn meine Erinnerungen an die intensive Zeit mit Vater und Mutter noch ganz frisch sind, denke ich manchmal, ob ich nicht doch noch das eine oder andere hätte tun können. „Ach, hätte ich dies doch damals noch getan!" sagte ich zur mir und erinnerte mich laufend an Dinge, die ich nicht getan hatte, so dass mich zwei Jahre nach dem Tode meiner Eltern ein anhaltendes tiefes Reuegefühl peinigte. Es kamen mir Zweifel, ob es wohl richtig war, die Operation in jenem Krankenhaus durchzuführen und die Krebsmittel abzulehnen. Ich fragte mich, ob die Strahlentherapie dem geschwächten Körper nicht einen übermäßigen Schaden zugefügt habe. Unabhängig davon, dass mir klar war, dass alles Menschenmögliche getan worden war und es keine Hoffnung mehr gegeben hatte, musste ich nachher immer wieder daran denken und litt darunter. Der Arzt, der meine Eltern betreut hatte, tröstete mich mit den Worten: „Das Beste gibt es nicht, wir können immer nur versuchen, es für die Menschen besser zu machen." Er machte sich vermutlich Sorgen, denn er hatte sicher schon viele Menschen gesehen, deren Gefühlswelt inmitten solcher leidvollen Gedanken Schaden nahm und die vor diesem Hintergrund psychisch erkrankten.

Mein Vater verstarb am 11. August. Da er kurz vor seinem Tod noch die katholische Taufe erhalten hatte, wurde die Totenfeier in einer Kirche gefeiert, die sich innerhalb eines karmelitischen Klosters befand. Das Kloster liegt auf einem kleinen Hügel, und während der Totenfeier zirpten viele Grillen, die in den Ästen der Bäume saßen. Während man die Grillen hörte, stellt sich das Gefühl eines spätsommerlichen Regens ein. Mein Vater, dessen Körper durch den sehr heißen Sommer in Kyoto geschwächt war und der mit seiner Krankheit kämpfte und sich dennoch Sorgen um mich und meine Mutter machte, kehrte zurück in den Himmel, zweieinhalb Monate nachdem er zu mir, die ich ursprünglich aus Tokyo stamme, gekommen war. Freunde wohnten nicht in der Nähe und in der kurzen Zeit war es auch nicht möglich, neue Freunde zu gewinnen. Mein Vater hatte sich aus Liebe zu mir, die ich meine Arbeit und die Pflege meiner Eltern verbinden wollte, entschieden, sich aus seiner gewohnten und vertrauten Umgebung weg zu begeben. Da er während seiner Lebzeit nicht die Gelegenheit hatte, die Kirche, in der die Totenfeier stattfand, zu besuchen, kannte er auch niemanden aus der Gemeinde dieser Kirche. An der Totenmesse nahmen dennoch Mitglieder der Gemeinde teil, die mein Vater in seinem Leben noch nie getroffen hatte. Meine Mutter, die bisher nur buddhistische Totenfeiern erlebt hatte, an denen gewöhnlich nur die Verwandten teilnehmen, freute sich sehr darüber, dass die Menschen aus der Gemeinde meinen Vater aufgrund des gleichen Glaubens als ein Mitglied der Gemeinde aufnahmen und auch an der Totenfeier teilnahmen. Im Anstimmen der heiligen Lieder, im Klang der Orgel und in der Trauer während der Totenfeier, die meinen Vater verabschiedete, lag eine Art Glanz, da er nun die Reise zum Herrn antrat, was meine Mutter sichtlich erleichterte.

An der Seite meiner Mutter, die mit einer Dosis Morphin ihre Schmerzen beherrschen konnte, musste ich während der Messe ihren Körper stützen, der bereits sehr schwach geworden war; aber dennoch hielt sie sich recht gut. Meine Mutter sagte dann ganz in ihrer Art: Männer zeigen manchmal noch mehr als Frauen unerwartete Schwächen. Wäre ich vor ihm gestorben, wäre er daran zerbrochen. Wenn ich auch nur einen Tag länger als er leben, ihn pflegen und verabschieden kann, dann kann ich ruhig sterben. Als der Sarg geschlossen wurde, sagte meine Mutter mit leiser Stimme zu den sterblichen Überresten meines Vaters, der wie schlafend aussah und umgeben war von einem vielfarbigen Blumenmeer: „Ich werde nämlich auch bald gehen."

Meine Mutter starb zwei Monate später, am 10. Oktober. Wie bei meinem Vater war es eine stille und ruhige letzte Zeit. Als die Zeit der Krankenpflege zu Ende ging, merkte ich, dass auch das intensive Zirpen der Grillen zu Ende gegangen war. Der leicht kalte Wind an den Wangen kündigte bereits den kommenden Herbst an. Als meine Mutter zu Anfang des Frühlings erfuhr, dass sie Bauchspeicheldrüsenkrebs habe, hat sie sich darum bemüht, ihre Tochter nicht zu traurig werden zu lassen und sagte zu mir: „Ob wir wohl noch die Kirschblüte im nächsten Jahr erleben oder ob das vielleicht doch nicht mehr geht? Aber auf jeden Fall werden wir das Herbstlaub noch sehen!" Als sie in den Himmel zurückkehrte, war es noch einen Monat zu früh für das Herbstlaub.

Dies ist ein *waka*, eine kurze japanische Gedichtform, von Saitō Mokichi, das meine Mutter besonders mochte:

Der Schein des roten Herbstlaubes
mein Herz inmitten der Helle
es geht zur Neige
und bleibt nur noch ein wenig.

Die Stunde kennen wir nicht

Horam nescitis

Ich verstehe sehr gut, dass das Sterben Ihrer Eltern ein Sie jahrelang beunruhigendes, nicht abschließbares Ereignis ist. Nur für einen Augenblick hilft es, sich zu erinnern und den Abschied noch einmal zu vollziehen. Es bleibt eine nicht heilende Wunde zurück, die, wenn sie sich geschlossen zu haben scheint, immer wieder unverhofft aufbricht. Für Ihre Eltern und Sie ist es sicherlich ein bewegender Moment gewesen, sich noch einmal zu dritt getroffen zu haben. Während ich auf dem Weg nach Berlin war, hatte mein Bruder unseren Eltern ebenfalls eine solche letzte Begegnung miteinander ermöglicht; dabei hatte er sie für einige Zeit allein gelassen, so dass wir nicht wissen, wie sie diese Minuten erlebt haben. Er wollte ihnen ihre Zeit miteinander lassen ... Wenn ich mich an die Beerdigung meines Vaters erinnere, an die letzten Minuten vor dem offenen Grab unter den großen Bäumen des Zehlendorfer Waldfriedhofs, sehe ich meine Mutter in dem Rollstuhl vor mir, den ich von der Kapelle zum Grab schob. Sie war dem Geschehen seltsam entrückt, als sei sie nicht mehr unter uns ... Ich werde dieses Bild und meine Gefühle dabei nie vergessen. War ich im Augenblick des Sterbens bei meinem Vater und bei meiner Mutter zugegen, so vollzog mein Bruder, der wie mein Vater Pfarrer war, beide Male die Beerdigung. So hat jeder von uns die ihm gemäße Form des Abschieds gefunden. Wir waren beide nicht allein; wir nahmen gemeinsam von unseren Eltern Abschied; wir hatten beide eine Familie. So war für uns die Trennung von unseren Eltern sicherlich leichter als für Sie, liebe Shoko Suzuki, die Sie in diesen Momenten allein waren. Manches Mal habe ich mich in einem Raum und in einer Zeit zwischen meinen Eltern und meinen Kindern gesehen und mich seltsam mir selbst entrückt gefühlt – als träfe der Tod mich nicht wirklich ... Wenn ich diesem Gefühl nachhänge, dann empfinde ich viel Zärtlichkeit und Dankbarkeit für meine Eltern ... Wir hatten ein erfülltes Leben miteinander ...

Mir scheint, wir sterben jeweils in einer bestimmten Zeit und Kultur. Die kollektiven Formen und Praktiken haben Einfluss darauf, wie wir sterben können und müssen. In unseren Briefen kommt dies immer wieder zum Ausdruck. Philippe Ariès hat den Versuch gemacht, Formen des Umgangs mit dem Tod zu unterscheiden: *den gezähmten Tod, den eigenen Tod, den Tod des Anderen, den ins Gegenteil verkehrten Tod.*

Im Fall des *gezähmten Todes* übernimmt der Sterbende eine aktive Rolle. Wie aus den Ritualen des Sterbezimmers und der Trauer hervorgeht, ist der Tod nicht nur ein individuelles Geschick, sondern auch eine Prüfung der Gemeinschaft. Der Sterbende ist Teil einer auf Adam und Eva zurück und bis zur Auferstehung von den Toten in die Zukunft hinein reichenden christlichen Gemeinschaft. Da der Tod einen Schrecken und Schmerz verbreitenden Einbruch in die Gemeinschaft der Lebenden darstellt, wird er mit Hilfe von Ritual, Liturgie und Zeremonie „eingefangen" und gezähmt. Dazu dient der in Analogie zum Schlaf begriffene Tod mit der Hoffnung auf ein Erwachen, eine Auferstehung und ein ewiges Leben im Jenseits. Zwar bleibt der mit Leid und Sünde verbundene Tod ein Unglück, doch kann er mit Hilfe Gottes überwunden werden.

Zwischen dem 13. und 18. Jahrhundert wird im Modell des *eigenen Todes* der Tod stärker als Schicksal des Individuums begriffen. In diesem lange wirksamen Modell erfolgt eine Umkehrung des traditionellen Verhältnisses zwischen den anderen und dem Selbst. Je stärker der Einzelne ein Bewusstsein seiner Individualität entwickelt, desto weiter entfernt er sich von der Gemeinschaft. Ausdruck dafür sind spektakuläre Bußen und große Gesten. Auch das Testament und der in ihm zum Ausdruck kommende Wille des Individuums, seine Belange zu ordnen, lässt sich als Zeichen der Bedeutungszunahme der Individualität begreifen. Mit einer stärkeren Ausrichtung auf das Diesseits gewinnt gleichzeitig die Vorstellung von einer unsterblichen Seele Verbreitung. Das zuvor übliche Trauergeleit wird durch eine kirchliche Prozession und einen kirchlichen Gottesdienst in Anwesenheit des Leichnams des Verstorbenen ersetzt. Der Anblick des Toten wird mit Leichentuch, Sarg und Katafalk verborgen und nur selten in Form einer Abbildung repräsentiert. Das Antlitz des Toten macht Angst und wird abgewehrt.

Mit dem *Tod des Anderen* breitet sich im 19. Jahrhundert ein neues Modell des Todes aus. Nun steht weniger das Geschick des Einzelnen im Mittelpunkt als vielmehr der Tod des Anderen, eines Nahestehenden, eines affektiv vertrauten Menschen, zu dem eine persönliche Beziehung besteht. Diese Entwicklung geht mit dem Bedeutungszuwachs des Privatlebens in dieser Zeit einher. Das Ritual im Sterbezimmer wird zur Inszenierung und Aufführung der Trauer, die die Hinterbliebenen anlässlich der physischen Trennung von dem Verstorbenen empfinden. Häufig wird der Tod nicht mehr als Schrecken, sondern als schön dargestellt. Die Angst vor dem Jenseits mit ihren Vorstellungen von Schuld und Hölle tritt in den Hintergrund. Die Hoffnung auf eine Wiedervereinigung mit den durch den Tod getrennten Menschen gewinnt an Bedeutung.

Der in *sein Gegenteil verkehrte Tod* ist wohl bis heute das noch verbreitetste Modell, bei dem der private Charakter und die Intimität von zentraler Bedeutung sind. Die Gemeinschaft verliert weiter an Bedeutung. Sterben wird zu einem vor der Öffentlichkeit zu verbergenden Prozess, dessen man sich schämt und der sich daher in der Abgeschiedenheit des Krankenhauses vollzieht; nicht in Gemeinschaft, sondern im Verborgenen vollzieht sich das Sterben, bei dem der Sterbende seinen Angehörigen nicht zur Last fallen möchte. Mit Hilfe von Medikamenten wird ihm das Leiden erspart. Doch zugleich bringen diese Mittel ihn auch zum Verstummen. Der Sterbende schämt sich seiner „Niederlage" gegen den Tod. Fragen von Gut und Böse oder von Schuld spielen kaum noch eine Rolle.

Gegen diesen Versuch, den Wandel der Vorstellungen, Bilder und Riten im Umfeld des Todes herauszuarbeiten, sind viele Einwände im Hinblick auf die Verwendung der Quellen und generalisierende Deutungen erhoben worden. Doch schmälert diese Kritik nicht das Verdienst der Untersuchung, auf den historischen und kulturellen Charakter des Sterbens aufmerksam gemacht zu haben.

In den letzten Jahren haben sich im Hinblick auf das Sterben in Deutschland weitere gravierende Veränderungen ergeben. Das Sterben ist zu einem medizinisch begleiteten Geschehen geworden, das mit seiner Verlagerung in Institutionen sehr kostspielig geworden ist. Gleichzeitig wird der Umgang mit den Toten immer mehr reduziert. Die Rituale der Bestattung werden ausgedünnt. Viele Verstorbene und ihre Angehörigen wollen keine besondere Beachtung und Ehrung der Verstorbenen. In der starken Zunahme anonymer Beerdigungen, bei denen der Leichnam verbrannt und in einem Wald oder ins Meer verstreut wird, so dass es keinen Ort der Erinnerung an den Toten gibt, kommt diese neue Einstellung zu Tod und Leben zum Ausdruck.

Mir scheint, es sind vor allem die *Abnahme der religiösen Orientierung*, die *Weiterentwicklung der Medizin* und die *Auflösung der Familie*, die Einfluss darauf haben, wie heute gestorben wird. Viele Menschen wählen nicht mehr die christlichen Formen der Bestattung und die damit verbundenen Rituale, sondern entscheiden sich für weltliche Grabredner oder sogar für den Verzicht auf feierliche Formen. Diese Entwicklung wird durch die Tatsache verstärkt, dass viele Menschen nicht mehr umgeben von ihrer Familie und ihren Freunden, sondern in Einsamkeit sterben, so dass keiner mehr ihren Tod als Verlust empfindet und Trost in einer rituellen Bestattung sucht. Zweifellos hängen die Abnahme der religiösen Bindung und die Auflösung der Familie eng zusammen, sicherte doch die religiöse Orientierung auch die Ordnung der Familie. Mit der zunehmenden Mobilität und Flexibilität der modernen Menschen nehmen auch Trennungen und Scheidungen zu. In vielen Fällen sind Vereinzelung und Vereinsamung die Folge. Besonders die Hochaltrigen sterben häufig allein und völlig vereinsamt. Aufgrund des medizinischen Fortschritts sterben die Menschen in höherem Alter und daher oft in Pflegeheimen oder in den Institutionen palliativer Medizin.

Sterben wird zu einer Aufgabe, der sich der moderne Mensch stellen muss, der dabei nicht mehr von seiner Familie, sondern von Experten unterstützt wird. Vielen Sterbenden geht es darum, so eigenverantwortlich zu sterben, wie sie gelebt haben, d.h. viele Menschen wollen nicht unerträgliche Schmerzen erleiden und in einem Pflegeheim ihr Leben beenden. Sie wollen selbst bestimmen, *wann* und *wie* sie sterben. Ich weiß nicht, wie Sie, liebe Frau Suzuki, diese Situation begreifen, doch mir scheint, dass sich hier ein Wille artikuliert, der alles entscheiden und nichts unbestimmt lassen möchte. Dieser Anspruch, das Leben zu kontrollieren, zeigt sich schon bei der Planung von Kindern und Geburtsterminen und nun auch noch bei der Planung des Sterbens. Wir lassen es nicht mehr geschehen. Vielleicht haben wir auch nicht mehr das Vertrauen in unsere Kinder und Mitmenschen, dass sie es schon zum Besten richten werden, wenn wir selbst dazu nicht mehr in der Lage sind. In jedem Fall hat sich das Verhältnis zum Sterben insofern verändert, als wir es nicht mehr aushalten können, dass es uns widerfährt. Stattdessen möchten wir bestimmen, wann und unter welchen Bedingungen wir uns dem Tod ausliefern. So sehr ich verstehe, dass wir als Sterbende nicht allen lebensverlängernden Handlungen des medizinischen Systems ausgeliefert sein möchten, so befremdlich erscheint es mir, das Leben bis in den Tod hinein bestimmen zu wollen und nicht akzeptieren zu können, dass vieles uns widerfährt und nicht von uns entschieden oder erzwungen werden kann. Viele Menschen sind davon besessen, ihr Leben wie ein Programm durchlaufen zu können, in dem selbst das Unvorhersehbare eingeplant wird. Wir begegnen hier einer „Dialektik des Machens", in der unsere Möglichkeit, uns selbst zu erschaffen, in ihr Gegenteil umschlägt, und unsere Fähigkeit, uns selbst zu entwerfen und zu verwirklichen, zum Zwang wird, alles produzieren zu müssen. Die Vorstellung von einem selbst verantworteten Sterben enthüllt diese Obsession, deren Zwanghaftigkeit wir uns ausliefern.

Die Statistiken über die Todesursachen der Menschen zeigen eine ähnliche Einstellung. Implizit suggerieren sie nämlich, dass, wenn man die Gründe des Todes kennt, es eines Tage möglich sein müsste, sie noch effizienter zu bekämpfen. Heute sind es annähernd die Hälfte der Menschen, die an Erkrankungen des Kreislaufsystems, und ein Viertel, die an Krebs sterben. Starben früher viele Menschen an Infektionen, so ist dies heute weniger der Fall. Dafür haben die in modernen Lebensformen begründet liegenden Formen der Mortalität an Verbreitung gewonnen. Obwohl die meisten Menschen in Deutschland zuhause sterben möchten, sterben mehr als die Hälfte der Menschen in Institutionen, die meisten von ihnen in Krankenhäusern. In diesen ist die medizinische Hilfe am besten konzentriert; auch wird den Angehörigen suggeriert, dass man hier rund um die Uhr das Menschenmögliche tue, um den Kranken zu helfen und dass dadurch Hilfeleistungen erbracht werden können, zu denen den Angehörigen die Möglichkeit und die Kompetenz fehlen. Sicherlich hängt dieses Zutrauen in die Möglichkeiten der Krankenhäuser auch damit zusammen, dass sie als Orte gelten, an denen die Hoffnung, es könne doch noch alles gut werden, zuletzt stirbt. Zurzeit nimmt in Deutschland die Zahl der Institutionen der palliativen Medizin und der Hospizbewegung stark zu. Beide Institutionen bemühen sich darum, Formen *menschenwürdigen Sterbens* zu entwickeln. Dazu gehört die Gestaltung eines atmosphärisch und sozial ansprechenden Umfeldes, der Ver-

zicht auf um jeden Preis lebensverlängernde medizinische Maßnahmen sowie das Bemühen, die individuellen Wünsche der Sterbenden zu berücksichtigen, um jedem seinen „eigenen Tod" zu ermöglichen.

In der letzten Zeit hat das Sterben in den neuen Medien eine
große Sichtbarkeit und damit Öffentlichkeit gewonnen. Doch sind
es weniger Begegnungen mit Sterbenden als Begegnungen mit Bildern von Sterbenden, die diese neue Sichtbarkeit des Todes ausmachen. In dieser Sichtbarkeit kommt die radikale Diesseitigkeit vieler Menschen zum Ausdruck, für die das Sterben zu einer ökonomischen, medizinischen, institutionellen und individuell steuerba-
ren Angelegenheit geworden ist, in der der Kult der Vorfahren und
die Ritualisierungen der Trauer weitgehend an Bedeutung verloren
haben. Die meisten Menschen begreifen das Sterben nicht mehr als
den Übergang in eine andere Existenzform, sondern als ein unhin-
tergehbares Ende. Damit einher geht ein Bedeutungsverlust des
Sterbens und des Todes, der nicht mehr als Teil, sondern nur noch
als Ende des Lebens begriffen wird und den es daher solange wie
möglich hinauszuschieben gilt.

Zwar ist das Sterben kein Tabu mehr, dafür ist es die *aktive
Sterbehilfe* aber umso mehr. Lediglich in der Schweiz ist sie straf-
frei, was dazu führt, dass immer mehr Deutsche sich zum Sterben
dorthin begeben, wo die Entscheidung für den Tod eine Wahlmög-
lichkeit ist. Aufgrund der Nachwirkungen des nationalsozialisti-
schen Missbrauchs der *Euthanasie* sind alle Formen aktiver Sterbehilfe in Deutschland verboten. Zu groß ist die Angst vor einem
möglichen Missbrauch. Auch andere Formen der Sterbehilfe, etwa
die Hilfe zur Selbsttötung, sind in Deutschland umstritten. Hingegen werden Formen *passiver Sterbehilfe*, in denen nur eine Grundversorgung des Sterbenden erfolgt, oder Formen *indirekter Sterbehilfe* etwa durch größere Mengen von Schmerzen reduzierenden
Sedativa weitgehend akzeptiert. Wenn es ans Sterben geht, werden
viele von uns mit solchen schwierigen Fragen konfrontiert. Durch
Patientenverfügungen versuchen viele Menschen ihrer Umwelt
mitzuteilen, wie sie als noch gesunde Menschen in der Zeit des
Sterbens behandelt werden möchten. Offen ist jedoch, ob und wie
sich angesichts des Todes diese Einstellungen verändern.

Lassen Sie mich diesen Brief mit einer Geschichte aus einer anderen Welt beenden, die Robert Musil erzählt hat und die in gewisser

Weise einen Kontrapunkt zu vielen der heute mit dem Sterben verbundenen Handlungen darstellt. „Eines Tages schickt ein Kalif seinen Wesir aus, um zu hören, was die Leute auf dem Basar so erzählen. Der tut, wie ihm geheißen, und bemerkt plötzlich in der Menge einen hageren, groß gewachsenen Mann in einem schwarzen Umhang, der ihn unablässig anstarrt. Von Schrecken geplagt, sucht der Wesir das Weite, eilt zu seinem Kalifen und fleht ihn an:

‚O Herr, helft mir! Auf dem Basar habe ich den Tod gesehen. Er ist gekommen, um mich zu holen. Ich muss fort. Gebt mir Euer bestes Pferd. So kann ich mich in Sicherheit bringen und heute Abend noch, ohne zu rasten, Samarkand erreichen.‘

Der Kalif ist einverstanden und lässt sein schnellstes Pferd satteln. Und schon springt der Wesir auf und galoppiert spornstreichs davon.

Neugierig geworden, begibt sich der Kalif selbst zum Marktplatz. In der Menge erkennt er den Mann mit dem weiten schwarzen Umhang und tritt auf ihn zu.

‚Warum habt Ihr meinen Wesir so erschreckt?‘, fragt er ihn.

‚Das war nicht meine Absicht. Ich habe ja noch nicht einmal mit ihm gesprochen‘, antwortete der Tod. ‚Ich war nur überrascht, ihn hier zu sehen, sind wir doch für heute Abend in Samarkand verabredet.‘ “

Die innere Heimat

Nicht nur im Westen, auch im Osten sieht man den Tod als etwas Furchterregendes, denn keiner weiß genau, was der Tod ist. In der Regel erlebt man viele Tode von Verwandten und Freunden, bevor man selbst stirbt, und man bekommt eine Vorstellung von Tod und Sterben. Ich habe meinen Vater und meine Mutter bis zu ihrem Tod zuhause gepflegt, und ich konnte dabei sein, als mein Großvater starb. Viele Leute sterben aufgrund eines Unfalls oder einer Katastrophe mit qualvollen Schmerzen, doch die Tode, denen ich in meinem Verwandtenkreis begegnet bin, sind zum Glück ruhig und friedlich verlaufen. Mein Großvater mütterlicherseits hatte Lungenkrebs, meine Großmutter mütterlicherseits Leberkrebs, beide sind mit Mitte 70 gestorben. Mein Großvater war jemand, der anderen gut zuhören konnte und sehr vertraut mit Freunden und Bekannten war. Ich erinnere mich, wie er immer lächelnd Anteil nahm, wenn die anderen ihre Geschichten erzählten. Er starb zuhause; in der letzten Stunde seines Lebens bekam er leichte Atembeschwerden, doch beim letzten Atemzug war er ganz ruhig. In diesem Moment saßen seine Verwandten bei ihm. Mein Großvater war Buddhist, und ein Buddhist bekommt nach seinem Tod einen Namen, der seine Lebensweise charakterisiert. Der buddhistische Namen meines Großvaters ist „Der, der gut zuhören kann". In der buddhistischen Lehre heißt es, dass es wichtiger ist, gut zuhören als gut sprechen zu können. Als mein Großvater starb, lag meine Großmutter im Krankenhaus. Da meine Eltern und die anderen Verwandten mit der Beerdigung meines Großvaters beschäftigt waren, musste ich meiner Großmutter die Nachricht von Großvaters Tod überbringen. Das war im September, und ich erinnere mich, dass der Löwenzahn blühte, was in dieser Jahreszeit sehr selten ist. Ich ging zusammen mit meinen Großonkeln, den Brüdern meiner Großmutter, zu ihr. Als ich meiner Großmutter dann sagte, dass Großvater gestorben war, erwiderte sie sinngemäß, dass sie das schon geahnt habe. Mehr sagte sie nicht, doch später erzählten sowohl die Patienten, die mit meiner Großmutter im Zimmer lagen, als auch die Krankenschwester, die in der letzten Nacht im Zimmer war, dass in dieser Nacht ein älterer Mann bei meiner Großmutter im Zimmer war und mit ihr gesprochen hatte. Und dieser Mann soll so ausgesehen haben wie der Mann auf den Fotos, die meine Mutter unter ihrem Kissen hatte. Meine Großonkel waren darüber sehr überrascht. Wenn jemand eine Vorahnung oder einen „sechsten Sinn" hat, nennen wir das in Japan *Mushi no shirase* (Nachricht des Insektes). Dass es so etwas wie *Mushi no shirase* tatsächlich gibt, hatte ich schon vorher geglaubt; doch dass es in einer so konkreten Form vorkommen kann, hat auch mich sehr verblüfft. Die Großmutter erzählte mir einige Zeit danach, dass mein Großvater zu ihr gekommen war, um sich von ihr zu verabschieden. Ich gebe zu: Das Ganze ist noch immer ein sehr rätselhaftes Ereignis für mich.

Später dann hat sich der gesundheitliche Zustand meiner Großmutter verschlechtert, und sie ist schließlich im Krankenhaus gestorben. Damals war ich gerade mit der Dissertation beschäftigt und bereitete mich auf das Rigorosum vor, weshalb ich nicht bei ihrem Tod dabei sein konnte. Meine Großmutter war sehr darüber erfreut, dass ihre Enkelin, also ich, eine berufliche Laufbahn im Bereich der Wissenschaft anstrebte. Als ich noch ein kleines Kind war, legte ich mich oft zu meiner Großmutter auf den *Futon*. Dann nahm sie immer meine Hand und zeigte auf den Zeigefinger und den Mittelfinger und sagte: „Du hast zwei Wege im Leben. Der Zeigefinger, das ist ein ebener Weg, er ist leicht zu gehen, und man kann schöne Landschaften sehen." Während sie dann meinen Mittelfinger abtastete, fuhr sie fort: „Der andere Weg ist steinig. Man kann ihn nur mühsam gehen, und die Landschaft ist gar nicht angenehm". Und dann fragte sie mich immer: „Welchen Weg nimmst Du denn?" Da meine Großmutter mir diese Geschichte oft erzählte, wusste ich schon, welche Frage am Ende kommen würde, und manchmal wählte ich den Weg des Zeigefingers, also den leichten, manchmal aber auch den Weg des Mittelfingers, den mit den Steinen. Je nachdem, für welchen Weg ich mich entschied, setzte meine Großmutter die Geschichte dann fort. Sie erzählte vom Leben eines Mannes, der einen leichten Weg genommen hatte, aber mitten auf diesem Weg war plötzlich ein großes Loch, in das er hineinfiel. Der andere, schwierige Weg endete dagegen auf einem Berggipfel, von dem aus man eine herrliche Aussicht hatte. Jedes Mal wenn meine Großmutter mir diese Geschichten erzählte, fügte sie neue Episoden hinzu. Noch heute kann ich mich an verschiedene dieser Episoden erinnern, und ich spüre noch immer das Gefühl, wie sie mit ihren alten Fingern meine Hand nahm und mir die beiden Wege zeigte.

Meine Großmutter wurde 1903 geboren, und in den 1920er Jahren war in Japan eine romantische Bewegung im Bereich der Kunst und der Literatur verbreitet. Meine Großmutter war sehr aktiv in einer Literatengruppe und wollte Dichterin werden. Aber aufgrund familiärer Zwänge musste sie dann heiraten und Kinder bekommen. Seitdem hat sie keine Gedichte mehr veröffentlicht, sondern nur noch für sich selbst gedichtet. Das war die Zeit, als es in Japan noch kein Wahlrecht für Frauen gab. Die jüngere Schwester meiner Großmutter ging damals als Mann verkleidet in politische Versammlungen, um wenigstens hören zu können, was dort gesprochen wurde. Später führte sie ihr Weg dann tatsächlich in die Politik, und meine Großmutter ging zuhause ihren geheimen literarischen Tätigkeiten nach. In den letzten Jahren ihres Lebens las meine Großmutter sehr viele Bücher über Philosophie und Religion; sie freute sich darüber, dass ich als ihre Enkelin die Philosophie als Fach wählte und Wissenschaftlerin werden wollte. Kurz vor ihrem Tod im Krankenhaus bedankte sie sich bei meiner Mutter, die sie gepflegt hatte, und auch bei den Ärzten und Krankenschwestern; dann ist sie in Ruhe gestorben.

Nach dem Tod ihrer Eltern fragte meine Mutter dann oft: „Wie kann ich so schön sterben wie meine Eltern?", wobei sie sich darauf bezog, dass ihre Eltern allen nahestehenden Personen ihre Dankbarkeit ausdrücken konnten und anschließend friedlich starben. Für meine Mutter wurde diese Frage zu einer großen Sorge und Aufgabe. In dem Moment, in dem man seine eigenen Eltern in die andere Welt hat gehen sehen, hat man das Gefühl, dass man selbst als nächster dran ist. Wie ich schon im letzten Brief geschrieben habe, war mein Vater auch an Lungenkrebs erkrankt, aber in seiner Todesstunde war er ganz ruhig. Ich möchte ein wenig über die letzte Nacht meines Vaters schreiben.

Es war eine heiße Nacht Anfang August 2003. Er hatte leichtes Fieber und Atembeschwerden. Ich war bei ihm und hörte seinen schweren, unrhythmischen Atem. Auf einmal setzte er sich im Bett auf und sagte, er wolle ein Glas Wasser haben. Als ich eilig das Wasser geholt hatte, kam er wieder alleine hoch, saß auf einer Ecke des Bettes und lud mich ein, mich neben ihn zu setzen. Ich setzte mich, gab ihm das Glas Wasser, und als er es trank, da sah es aus, als ob es ihm gut schmeckte. Er bedankte sich und legte sich dann langsam wieder hin. Sein Atem ging weiterhin schwer. Kurz vor Sonnenaufgang nahm er den letzten Atemzug. Damals dachte ich, dass sein Wort „Vielen Dank" sich auf das Wasser bezog, das ich ihm gebracht hatte. Aber später, nach der Beerdigung, kam es mir in den Sinn, dass sich sein Dank vielleicht auf die Pflege, die gemeinsamen Aktivitäten oder einfach das Zusammensein mit ihm bezogen haben könnte. Einen Lungenkrebspatienten zu pflegen war eine große Anstrengung.

Meine Mutter hatte damals Bauchspeicheldrüsenkrebs. Zwei Wochen nach dem Tod meines Vaters hat sich ihre gesundheitliche Situation verschlechtert und zwei Monate später ist dann auch sie gestorben; nicht im Krankenhaus, sondern zuhause. Ich konnte sie bis zum Ende pflegen. Bevor sie starb, lag sie drei Tage bewusstlos im Bett, weshalb sie ihre letzten Worte drei Tage vor ihrem Tod sprach. „Ich kenne diesen Hausarzt sehr gut und vertraue ihm. Er ist meines Erachtens derjenige, der mich in meiner letzten Phase gut pflegen kann. Für mich ist das gut." Das war die Entscheidung meiner Mutter. Für den Fall, dass ihr gesundheitlicher Zustand sich geändert hätte, wollte sie vom Hausarzt übernommen werden. Sie hatte von vornherein alle medizinischen Behandlungen, die das Leben verlängern, abgelehnt, und sie versuchte immer, sich auf die letzte Stunde ihres Lebens vorzubereiten. Schließlich ist sie, unter der medizinischen Aufsicht ihres Arztes, genau ihrem Wunsch entsprechend gestorben.

Ich denke, es gibt eine Art Ästhetik des Sterbens. Keiner weiß, wann und wie er stirbt, aber jeder hat irgendeine Vorstellung über Leben und Tod. Keiner möchte unter Qualen sterben. Ich höre oft, dass selbst berühmte Priester, die den Gläubigen die religiösen Lehren vermittelt haben und die diese Lehren auch selbst spirituell gut verstanden haben, Schwierigkeiten bekommen, wenn sie mit dem eigenen Tod konfrontiert sind. Es gibt offenbar keine Gewissheit hinsichtlich unseres Lebensendes. Nach dem Tod meiner Eltern bin ich dran zu sterben. Wie ich die letzten Momente meines Lebens auf eine angenehme Weise empfangen kann, ist jetzt meine große Frage. Natürlich gibt es den Selbstmord, bei dem man sich willkürlich, sozusagen selbständig und aktiv, für einen Todesmoment entscheiden kann. Aber ich möchte solche Versuche nicht unternehmen, weil ich denke, dass das ein Ausdruck von Hybris ist. Der Mensch ist in diese Welt geboren, und das wird immer als ein passiver Vorgang angesehen: Wir kommen mit transzendenten Kräften ins Leben hinein. Genauso ist es auch mit der Zeit des Sterbens; sie kommt irgendwann. Für mich kommt es jetzt darauf an, vorbereitet zu sein, um diesen Moment des Todes jederzeit würdig annehmen zu können.

Nordöstlich von Kyoto liegt der größte See Japans, der Biwasee. Es gibt eine Legende von einer Nonne, die achthundert Jahre lang gelebt hat. Sie hieß Yaobikuni. *Yao* bedeutet achthundert, *bikuni* Nonne. Diese Nonne ist in einer Fischerfamilie am Biwasee geboren worden. Sie war ein hübsches Kind, und mit der Zeit wuchs sie zu einem sehr schönen Mädchen heran. Doch das Fischereigeschäft ihres Vaters lief zu dieser Zeit schlecht und er hatte Schwierigkeiten, seine Familie zu ernähren. Eines Tages bekam er von einem Bekannten ein Stück rosafarbenes Fleisch, das er seiner Tochter brachte. Nachdem sie dieses besonders nahrhafte Fleisch gegessen hatte, wurde sie unsterblich. Mit der Zeit starben ihr Vater, ihre Verwandten, dann auch ihre gleichaltrigen Freunde und schließlich sogar Menschen, die jünger als sie waren. Sie wurde nicht älter und merkte langsam, dass sie offenbar eine Art unsterblichen Körper hatte. Die Vorstellung, nicht zu sterben, ist für viele Menschen eine wunderbare Sache. Doch ist das wirklich so? Unser Mädchen jedenfalls erlebte im Laufe der Zeit so viele Abschiede von anderen Menschen, dass sie sich schließlich sehr einsam fühlte und traurig wurde, dass sie selbst nicht sterben konnte. Irgendwann entschied sie sich dann, einer religiösen Praxis nachzugehen; mit Hilfe eines hochstehenden Priesters wurde sie Nonne. Sie wanderte in ganz Japan umher und vermittelte die Lehren Buddhas. Auf diese Weise besuchte sie viele Orte, und sie begegnete vielen Menschen. Dabei versuchte sie, die vier grundlegenden Leidensquellen, die der Buddhismus kennt – Geburt, Alter, Krankheit und Tod –, zu mildern. Schließlich fand sie ganz im Norden des Biwasees eine tiefe Höhle, in der sie die *Nyumetsu*-Meditation (*Nyumetsu* = spirituelles Sterben, Sich-Vernichten) praktizierte. Die Legende von der achthundert Jahre lebenden Nonne, der *Yaobikuni*, ist in ganz Japan in verschiedenen Versionen verbreitet; sie ist auch heute noch lebendig.

Viele Leute haben Furcht vor dem Tod und wollen nicht sterben. Schon die Vorstellung, sterben zu müssen, eventuell sogar unter Schmerzen, bereitet ihnen Qualen. Die Legende von *Yaobikuni* könnte eine Lehre sein, das Schicksal des Menschen zum Tod zu verstehen und zu akzeptieren. In unserem Leben begegnen wir so vielen Menschen und verabschieden uns auch wieder von ihnen, und alle sind mit Leid und Trauer, mit Geburt, Alter, Krankheit und Tod konfrontiert. Aber alle diese Leiden sind abgestuft nach der Größe und den Fähigkeiten des Menschen. Wenn man an irgendeine Kraft glaubt, die einen stützt, hilft einem das bei der Verarbeitung dieser Leiden und der Trauer –unabhängig davon, an welche Religion man glaubt. Im Japanischen gibt es das Wort *Minotake* (*mi* = Körper, *take* = Größe), wörtlich verstanden bedeutet es die Größe des Körpers, z.B. in Zentimetern gemessen, aber im weiteren Sinne ist es die Größe, die man selbst erlangen kann. In diesem Fall wird *Mi*, Körper, im übertragenen Sinne benutzt: Die Größe des eigenen *Mi* zu erkennen, heißt, das Selbst zu kennen. Wir müssen unser Selbst je nach der Größe des Körpers (= *Minotake*) ausrichten. *Taruoshiru*, das ist die buddhistische Lehre, betont, wie wichtig es ist, genügsam zu sein. Das heißt, wir bekommen immer diejenigen Dinge, die wir je nach unserer Größe brauchen. Wenn ich erkenne, was ich an meinem Körper habe und dafür dankbar bin, kann ich ein dieser Situation entsprechendes, also ein gelingendes Leben genießen.

Aber ich möchte noch einmal fragen, wer sind die Leute, die vom Diesseits zum Jenseits gegangen sind? Wir können uns, in verschiedenen Momenten des Lebens, an die Toten erinnern, nicht nur an ihre Gesichter, sondern auch an ihre Denkweisen oder ihre Wünsche und Vorstellungen. Und wir können immer mit den Toten sprechen, obwohl Diesseits und Jenseits einen so großen Abstand haben. Wir können es auch so denken, dass wir über die Trennung von Diesseits und Jenseits hinweg auf eine andere Art den Toten begegnen.

Es gibt ein Werk von Zhuang-zi bzw. Zhuang Zhou (369-298 v. Chr.), einem chinesischem Denker, *Neipian* (*Das innere Band*). Er schreibt (in meiner Übersetzung): „Warum fürchtet der Mensch den Tod? Ähnelt nicht die Haltung des Menschen gegenüber seinem Tod seiner Haltung gegenüber der Welt seiner Kindheit, seiner Heimat? Wer als Kind seine Heimat verlassen hat, denkt nicht mehr daran, in seine Heimat zurückzukehren." Nach Zhuang-zi sind Leben und Tod gleichgeartet, und beide sind fröhlich. Aber um dieses Gefühl wirklich zu haben, um die Tiefe von Zhuang-zis Gedanken erreichen zu können, ist sehr viel Mühe erforderlich. In den Schriften des japanischen Religionsphilosophen Nishitani Keiji, dessen Werk *Was ist Religion?* in einer deutschen Fassung veröffentlicht worden ist, finde ich viele Analogien zu Zhuang-zis Denken. Nishitani war Schüler von Nishida Kitaro, dem Begründer der japanischen „Kyoto"-Philosophen-Schule in den 1920er Jahren, und hatte einen Lehrstuhl für Religionsphilosophie an der Kyoto-Universität; er ist 1989 mit 90 Jahren gestorben. Ich selbst habe zur Zeit einen Lehrstuhl an der Kyoto-Universität, hatte aber leider keine Gelegenheit, Nishitani zu seinen Lebzeiten zu begegnen. Manchmal höre ich von seinen Schülern oder Kollegen etwas über Nishitani-sensei. Aber ich kann ihm letztlich nur über seine Schriften und Vortragsnotizen begegnen. Vielleicht hat er eine besonders symbolreiche Sprache beherrscht, jedenfalls bekomme ich immer das Gefühl, dass er direkt zu mir spricht, wenn ich seine Schriften lese. Eines seiner berühmten Worte lautet *kakyou hanarezu*, das heißt, „Die Heimat nicht verlassen" und ist in dem Sinne gemeint, dass Heimat nicht unbedingt und nicht notwendigerweise die Heimat ist, wo man wohnt, sondern dass man irgendwo einen Ort haben muss, zu dem die eigene Seele zurückkehren kann. Umgekehrt bedeutet das, wenn man einen Ort für die Rückkehr der eigenen Seele hat, so kann man den Ort, an dem man wohnt, getrost verlassen, denn die innere Heimat hat man immer dabei. Seit ich meine Eltern verloren habe, quälen mich oft Verlustgefühle. Da ist die Frage, wo der Ort ist, von dem ich komme und zu dem ich zurück-gehen werde. Ich komme von dort in diese Welt, werde einige Zeit hier verbringen, und wenn die Zeit vollendet ist, gehe ich wieder dorthin zurück. Wenn ich solch eine innere Heimat, einen *topos* des Inneren, in meinem alltäglichen Leben finden könnte, bekäme ich vielleicht ein anderes Gefühl, in dieser Welt zu leben. Alle Men-schen, denen ich in meinem Leben begegne, sind gleichzeitig mit mir in dieser Welt, sie sind Mitreisende; in der Beziehung zu ihnen kann ich vielleicht den *topos* für die Rückkehr meiner Seele finden. Jedes Kennenlernen ist bereits der Anfang des Abschiednehmens, wenn man jemandem begegnet, ist es vorausgesetzt, dass man sich irgendwann wieder trennen muss. Und ich denke nicht, dass das Treffen nur mit Freude, das Abschiednehmen hingegen nur mit Trauer verbunden ist. Treffen und Abschiednehmen, beide sind Freude und Trauer zugleich. In diesem Sinne ist es zu meiner Le-benshaltung geworden, den *topos* meines *Kokoro* (= Gemütszu-stand, Herz) zu finden. Das bedeutet nicht Verzicht auf das be-grenzte Leben, sondern ist eine positive Entscheidung, die Land-schaft dieser Welt zu genießen. Und diese Landschaft kann ich nur so sehen, weil die Zeit begrenzt ist. Ich weiß nicht, wie viel Zeit für meine Reise in dieser Welt noch übrig ist, wann ich in die *kakyou* (= innere Heimat) ziehen werde. Und ich weiß auch nicht, ob die-ser Weg schwierig sein wird oder nicht, so wie meine Großmutter es mir in meiner Kindheit gezeigt hat. Aber ich möchte Schritt für Schritt weitergehen.

Orte und Nicht-Orte

Ich bin noch im letzten Jahr des Zweiten Weltkrieges geboren worden, in dessen Schrecken meine Eltern und mein Bruder meine Geburt als einen Lichtblick erlebten. Meine Kindheit habe ich in einem Pfarrhaus neben einer mittelalterlichen Kirche erlebt. Als Kind ging ich sonntags in den Kindergottesdienst, in dem mein Vater nach dem Gottesdienst der Erwachsenen uns Kindern die Geschichten und Lieder des Christentums erzählte, durch Bilder angereichert, die wir erhielten, wenn wir die Geschichte vom vorherigen Sonntag wiederzugeben vermochten. Ich wuchs in eine Welt hinein, die aus einem Kirchhof, unserem Garten, einem Teich und einem Schlosspark bestand. An diese Zeit meiner Kindheit habe ich viele Erinnerungen. Für uns waren der Garten und der Kirchhof, doch auch der Teich und der nahe Gutshof wunderbare Orte, an denen wir ungestört spielen konnten. Meine Eltern schützten diese Welt der freien Spiele. Wir bauten Hütten und Höhlen, auf einem alten Walnussbaum, an einem Ahornbaum, und eine vielfältig gesicherte Erdhöhle. Ich hatte viele Freunde und Freundinnen, die mit mir in diesem Paradies kindlichen Lebens spielen wollten. Wir ernteten Kartoffeln, pflückten Obst; an verschiedenen Orten hatten wir Lagerfeuer; wir machten Feuer in einem Ofen in meiner Lieblingshöhle an dem Ahornbaum. Mein Vater sorgte dafür, dass ich die für den Bau der Höhlen erforderliche Hilfe von Herrn Hartwig erhielt, der bei uns im Garten als Rentner arbeitete. Zu ihm hatte ich viele Jahre lang ein freundschaftliches Verhältnis, verfügte er doch über alle die praktischen Fähigkeiten, die meinem Vater und mir fehlten. Er wusste so viel von der Welt zu erzählen. Da wir in einen lange währenden Kampf mit den viel älteren Jungen der „Gutsbande" verstrickt waren, schnitzten wir uns aus den Zweigen von Büschen, Sträuchern und Bäumen „Waffen", die wir in einem eigenen Waffenkeller in unserem Haus gelagert hatten. Wenn die Übermacht der „Feinde" zu groß war, halfen uns mein Bruder, Herr Hartwig oder Herr Heese, der Kirchendiener. Eins war klar: Garten und Kirchhof waren mein Reich, über das mein Vater seine schützende Hand hielt. Wir spielten Indianer, Ritter und manchmal nur uns selbst. Im wöchentlichen Kindergottesdienst und in den Spielen auf dem Kirchhof der mittelalterlichen Kirche entwickelte sich meine Faszination für das Mittelalter. Im Spiel verbanden sich mir Religion und Mittelalter in einem unauflösbaren Amalgam.

Als ich 17 Jahre alt war, verbrachte ich mehrere Tage in Chartres, in der Nähe der hochgotischen Kathedrale. Vom frühen Morgen bis zum späten Abend lebte ich in und um diese Kathedrale herum. Was in diesen Tagen mit mir geschah, habe ich nie ganz begriffen, obwohl immer wieder Erinnerungen an diese Tage in mir hochstiegen und mich mit seltsamer Sehnsucht erfassten. Mir war, als hätte ich hier Erfahrungen gemacht, die an meine Erlebnisse auf dem Kirchhof und im Garten meiner Kindheit anknüpften. Mir kommen Erinnerungen an das Blau der Fenster, das *Chartres bleu*, das Labyrinth auf dem Boden der Kirche, das frühgotische Eingangsportal, diesen von den farbigen Fenstern nur wenig erhellten Innenraum. Ich erinnere mich an den Vollmond, der mich lange in der Nacht im Anblick der Kathedrale verweilen ließ. In diesen Tagen bin ich wohl zu einer neuen Form des Lebens erwacht. Oft bin ich später in Chartres gewesen – auch mit meinen Kindern. Nie hat sich dieses Erlebnis wiederholt, auch wenn die Erinnerung daran stets lebendig war. Später war es die Kathedrale in Vézelay, die mich in ähnlicher, doch nie so intensiver Weise ergriff. Mein Erlebnis in Chartres war die Erfahrung eines Anderen, eines Jenseits, das sich nicht näher beschreiben lässt.

Diesen Brief schreibe ich Ihnen aus Sibirien, in das ich unsere Korrespondenz mitgenommen habe. In Abakan, der Hauptstadt Chaskassniens, habe ich gestern Vorträge über die Genese des Sozialen in Ritualen, deren Performativität und über mimetische Prozesse als Grundformen kulturellen Lernens gehalten. Für heute hatten mich meine Gastgeber zu einem Ausflug in das Museum chaskassidischer Kunst und zu Gräbern in der Weite der sibirischen Steppe unter Führung eines Schamanen eingeladen. Begleitet von einer Kollegin aus dem Ministerium, zwei als Dolmetscherinnen dienenden Studentinnen und zwei Medizinerinnen aus Irkutsk fuhren wir los. Nach einer Einstimmung in Menhire und Felsritzungen aus einer weit vor dem Beginn unserer Zeitrechnung liegenden Zeit im Museum der Stadt hielten wir das erste Mal bei einem mit bunten Stoffstreifen geschmückten Holzpfahl, um hier ein Ritual zu begehen. Unser Schamane sprach einige Worte, reichte uns einen Becher mit Sauermilch, aus der wir der Reihe nach tranken; es folgte ein Schluck Cognac, ein Stück Brot mit Käse, von dem wir uns eine Ecke abbrachen. Hinter uns fuhren die Autos auf der Schnellstraße. Vor uns dieser Holzpfahl vor einer weiten hügeligen Landschaft.

Schamane mit geschmücktem Holzpfahl

Ein zweites Mal hielten wir in der Nähe zweier Menhire, die auf einer schmalen Hügelkette zwischen zwei Tälern standen. Um sie herum wuchs Edelweiß, das ich seit meiner letzten Wanderung in den Dolomiten vor annähernd dreißig Jahren nicht mehr gesehen hatte. Das hinter uns liegende Tal galt den Bewohnern dieser Gegend als unrein, das vor uns liegende, in das man gelangt, wenn man die Menhire durchschreitet, galt als rein. Hier liegen in einer weiten, leicht hügeligen Landschaft annähernd hundert Gräber unterschiedlicher Größe und Ausstattung über viele Quadratkilometer verstreut. Der Schamane forderte uns auf, zwischen den beiden Menhiren hindurch zu gehen und uns durch das meditative Anhalten des Gedankenflusses zu reinigen. Der eine Menhir galt ihm als weiblich, der andere als männlich. Als Ausdruck aggressiver bzw. rezeptiver Energie. Jeder von uns sollte in sich hineinspüren, um herauszufinden, welcher dieser beiden Steine ihn stärker anziehe. Zwischen den beiden Menhiren spürte ich etwas, das ich sprachlich kaum fassen kann. Über mir wölbte sich der weite Himmel mit dem hellen Licht der sibirischen Sonne; mein Gesicht berührte ein kühler, die Wolken über den Himmel treibender Wind; vor mir lag die endlose, leicht gewellte Ebene; rechts stand der breite, eher weibliche und links der schmale, eher männliche Menhir aus rötlichem Sandstein. Was spürte ich? Eine Bewegung, eine Energie? Ich fühlte mich leicht, zugleich voller Kraft, freigesetzt in die Weite der Ebene und des Himmels. Was ließ mich diese weite Landschaft so empfinden? Ein Körper zwischen den beiden Menhiren, der Wind, die Wolken, das Licht – die unendliche Ausdehnung der leicht geschwungenen Ebene, die sich deutlich von der Steppe hinter mir unterschied, deren Formen nicht den gleichen Rhythmus und Klang hatten und in der auch keine Gräber lagen.

Zwei Menhire

Mauern um ein Grab

Wir fuhren weiter, an einer Schafherde vorbei, bis wir zu einem großen Grab gelangten, einem Quadrat von 70 x 70 Metern Länge, an dessen Seiten rote Sandsteine im rechten Winkel über die zur Abgrenzung längs liegenden Platten herausragten. In der Mitte des

Ortes befand sich das Grab, in dem man zwei Skelette gefunden hatte. Einst war dieser Ort zu einer Pyramide aufgeschüttet gewesen, auf deren oberem Teil sich ein freies Quadrat befand, auf dem wahrscheinlich Rituale vollzogen worden waren. Ein wenig von den anderen entfernt stand ich hier lange, in mich versunken, und versuchte etwas von dem Wissen zu spüren, das es hier vom Sterben und vom Tod gegeben hatte. Ein Grab neben vielen in einer leicht gewellten Ebene mit einem hohen, hellen Himmel. Wer hier begraben worden war, dessen Leichnam lag in der Weite der Ebene und wurde allmählich wieder zu einem Teil von ihr. Hier war eine kosmische Weite zu spüren, die ich von Bildern der christlichen Religion nicht kannte, in denen Gott Mensch geworden war und die die Gläubigen beheimaten und ihnen Vertrauen und Zuversicht gaben. Während die Bilder der christlichen Religion Trost und Hoffnung geben sollten, waren hier keine Bilder, keine Bilder des Menschen, die den Blick auf sich zogen. Zwar gab es einen Ort, an dessen Grenzen der Wind angehalten wurde. Wer hier gelegen hatte, für den hatte man in mehrjähriger Arbeit einen Ort des Kults und der Gemeinschaft geschaffen, der sich von der Weite der Ebene und des Himmels unterschied, der aber zugleich auch Teil dieser Weite war. Mir war, als spürte ich etwas von einem *Nicht-Ort*, in den wir im Sterben eingehen, von dem wir nicht wissen, wo er ist, den wir vielleicht manchmal für einige Momente erahnen, ohne etwas von ihm wissen zu können. Mir scheint, als verweigere sich die Alterität dieses Ortes meiner Imagination und Sprache.

Der Gedanke an das Lebensende, an den Tod, beschäftigt mich seit den Anfängen meines Studiums. Er begleitet mein Leben. Von Zeit zu Zeit taucht er auf, ohne dass ich weiß, warum dies der Fall ist, als bilde er einen manchmal ins Bewusstsein tretenden, mein Leben im Untergrund begleitenden Klang. Nicht, dass der Gedanke mich ängstigte, doch er umspielt immer wieder die Ereignisse meines Lebens. Manchmal denke ich, dieser von Zeit zu Zeit auftauchende Gedanke ist das *momento mori*, das dem Leben Reichtum und Intensität gibt. Ich spüre, wie die Gedanken an den Tod die Bedeutung der Welt und selbst der mir lieben Menschen in den Hintergrund treten lassen, als wollten sie mich daran erinnern, dass „alles fließt", nichts bleibt. In der letzten Zeit, mit zunehmendem Alter, steigt der Gedanke häufiger auf. Mir kommen Erinnerungen an den Tod meiner Eltern, den Tod Dietmars, mit dem ich mich zusammen mit Studierenden ein Jahr lang mit dem Tod auseinandergesetzt habe. Auch in unserer Historischen Anthropologie ging es darum, uns mit vergangenen oder vergehenden Phänomenen des Menschlichen zu beschäftigen. Das war der Fall bei unserer Beschäftigung mit der „erloschenen Seele", dem „Schicksal der Liebe", dem „Schweigen" angesichts der Vergänglichkeit des Lebens. Nicht, dass ich mich vom Tod bedrängt fühlte, doch er bringt sich in Erinnerung. Mit diesem Hinweis gehen Gefühle einher, nicht der Angst, nicht der Trauer – vielleicht der Melancholie, die das Wissen begleitet, dass der Tod unvermeidbar ist. Vielleicht ist das meine Form, meine Vergänglichkeit zu begreifen, meinen Abschied im und vom Leben zu nehmen; vielleicht ist es auch meine Form zu spüren, dass Leben und Tod miteinander verschränkt sind, dass es keine Intensität des Lebens ohne ein Gewahrsein seiner Zeitlichkeit gibt. Wir sind Gäste auf dieser Welt, doch es fällt so schwer, dies zu begreifen.

Ich erlebe den Frühling, die Zeit des Wachsens: das erste Grün, die Forsythien, die Mandelbäume – und weiß, dass das Leben weitergeht. Dieses Gefühl tröstet. Ich sehe meine Kinder, Katharina und Alexander, und bin bewegt. *Panta rhei* – alles fließt, dabei ist es mir nicht wichtig zu wissen, woher und wohin. Der Augenblick zählt, auch wenn es schwer fällt, dies zu begreifen.

Zu den Autoren

Shoko Suzuki ist Professorin für Allgemeine Pädagogik an der Kyoto Universität in Japan; Mitglied des „Science Council of Japan"; im Wintersemester 2009/2010 Gastprofessorin des Clusters „Languages of Emotion" an der Freien Universität Berlin; stellvertretende Leiterin des Global Center of Excellence „Revitalizing Education for Dynamic Hearts and Minds" an der Kyoto University; ihre Forschungsschwerpunkte sind: Erziehungsphilosophie, Ästhetische Bildung, Thanatologie, Affektologie.

Christoph Wulf ist Professor für Anthropologie und Erziehung; Mitglied des „Interdisziplinären Zentrums für Historische Anthropologie", des Sonderforschungsbereichs „Kulturen des Performativen", des Clusters „Languages of Emotion" und des Graduiertenkollegs „InterArts Studies" an der Freien Universität Berlin. Für seine Forschungen im Bereich der Anthropologie verlieh ihm die Universität Bukarest den Titel eines Professors honoris causa. Seine Bücher wurden in 15 Sprachen übersetzt. Er ist Vizepräsident der Deutschen UNESCO-Kommission. Seine Arbeitsschwerpunkte sind: Historische Anthropologie, Pädagogische Anthropologie, ästhetische und interkulturelle Erziehung, Emotionsforschung, Mimesis- und Imaginationsforschung, Performativitäts- und Ritualforschung.